植田 一三
ICHIZO UEDA
［編著］

菊池 葉子
YOKO KIKUCHI

上田 敏子
TOSHIKO UEDA

小谷 延良
NOBUYOSHI KOTANI
［著］

# WRITING SUPER TRAINING
## EIKEN GRADE PRE-2

# 英検®準2級
# ライティング
# 大特訓

「英検」は、公益財団法人 日本英語検定協会の登録商標です。
このコンテンツは、公益財団法人日本英語検定協会の承認や推奨、その他の検討を受けたものではありません。

## プロローグ

　世界のグローバル化に伴い、世界の英語人口は急速に増加し、今や全人口の 4 人に 1 人（25％）が実用的に英語を使って仕事や生活をするようになりました。また、インターネットの情報の 80 パーセントは英語で表現され、国際ビジネスや様々な学問分野の先進的な情報はすべて英語を使って表されるようになりました。しかし、こういった現状にもかかわらず日本で英語を実用的に使える人口は、全人口の 2 パーセントと言われ、また、TOEFL（海外大学認定基準テスト）のスコアは、リーディング、リスニング、ライティング、スピーキングの 4 技能すべてにおいてアジア主要国の中で最下位となっています。

　こういった危機状況の中で、政府はついに、小学校 5、6 年時英語教育の導入を 2020 年より実施することを決定しました。このような英語教育の新たな動きを反映して、実用英語技能検定 2 級は 2016 年度第 1 回から、準 2 級と 3 級は 2017 年度第 1 回から、一次試験でライティング問題が導入されることとなりました。これによって、「教育」「サイエンス＆テクノロジー」「ビジネス」などをはじめとする様々な分野の社会問題トピックに関して、英語の文章構成に従って論理的に意見を述べる能力が求められる試験となりました。

　この変更による準 2 級のライティングは、今までの英作文ではなく、エッセイ・ライティング形式で、ある質問に対して「あなたの意見とその理由を 2 点書きなさい」という問題形式になっています。しかし、質問に対する答えとして、理由を 2 つ重複しないで書き、しかもその理由に対するサポートの文も書くことは非常にむずかしいことです。そこで、この本では文章を丸暗記するのではなく、どのような問題が出ても対応できるように「ひな型」を用いて論理展開を行うトレーニングを用意しています。

　こういった目的を踏まえて制作された本書は次の構成になっています。まず Chapter 1 では、新傾向英検準 2 級とそのエッセイ問題の概略を述べています。Chapter 2 では準 2 級受験者が間違いやすい最重要動詞の紹介とその使い分けク

イズ、さらに英文ライティングで絶対犯してならない「文法・語法ミス」などを紹介しています。Chapter 3では、分野別にPro（賛成意見）とCon（反対意見）選択問題やポイントとサポートのマッチングクイズなどにチャレンジすることによって、英文ライティングにおいてきわめて重要な「クリティカルシンキンング」（英語の論理的思考）の大特訓を行います。そして最後のChapter 4では総復習と応用力の養成をかねて、実践模試にチャレンジしていただく構成になっています。さらに巻末で準2級ライティング必須表現や必須例文をカバーし、対策勉強の効率を最大限に高められるようにしました。

本書を通じて英検合格だけでなく、教養を高めると同時に「本物の使える英語力」を身につけ、2級、準1級、1級合格への足掛かりにしていただければ幸いです。また、本全体の難易度は非常に高いと思われるかもしれませんが、準2級受検者だけでなく、ライティングを指導される方やライティングの基礎を学びたい方にとっても有益な情報が盛り込まれており、本書が皆さんのさらなる英語力・英語指導力向上の一助になれば著者としてはこの上ない喜びです。

本書の制作にあたり、惜しみない努力をしてくれたアスパイアスタッフの菊池葉子氏（Chapter 1、3、4担当）上田敏子氏（Chapter 1、4、全体企画・校正担当）、小谷延良氏（Chapter 2、巻末例文担当）、中坂明子氏（Chapter 3校正担当）、及び編集をしてくださったアスク出版の道又敬敏氏には感謝の意を表したいと思います。それから何よりも、我々の努力の結晶である著書をいつも愛読してくださる皆さんには、心からお礼を申し上げます。それでは明日に向かって英悟の道を

　Let's enjoy the process !（陽は必ず上る）　Thank you.

植田 一三

# CONTENTS
目次

プロローグ ............................................................. 003

## Chapter 1 英検準2級ライティングの概要と攻略法

「英検」が変わった！ ............................................................. 010
大学入試その他の試験、そして海外留学に利用できる！ ............................................................. 010
英検準2級の実力とは？ ............................................................. 011
英検準2級はライティングが決め手！ ............................................................. 012
エッセイ・ライティング問題とは？ ............................................................. 013
英検準2級ライティングの頻出トピックはこれだ！ ............................................................. 014
英検準2級の採点基準とは？ ............................................................. 015
キーアイディアとサポートの書き方を完全マスター！ ............................................................. 017
英検準2級エッセイの必勝攻略ポイントとは？ ............................................................. 020
必勝フォーマットで完全攻略！ ............................................................. 021

## Chapter 2 エッセイ・ライティング 最重要文法・語法を徹底攻略

01 ライティングで必須　超重要スペリングをチェック！ ............................................................. 026
02 ライティング力UP　超重要コロケーションをチェック！ ............................................................. 029
03 ライティングで必須　基本動詞を徹底マスター！ ............................................................. 031
04 ライティングで要注意　動詞の使い方のミス Top 3 ............................................................. 035
（ちょっとブレイク）homestay の正しい使い方は？ ............................................................. 036
05 ライティングで要注意　使い分けが紛らわしい動詞 Top 3 ............................................................. 037

| この勉強法で英語力アップ | 例文で脳に英語の「型」を作ろう！ | 038 |
06 ライティングで必須　超重要動詞 Top 3 ･････････････････････････ 039
| この勉強法で英語力アップ | 「音読」が発信力アップの鍵！ ･･････････ 040
07 名詞の「可算」「不可算」を徹底マスター！ ･････････････････････ 041
08 形容詞・副詞の使い方のミスを徹底チェック！ ･･･････････････ 044
| この勉強法で英語力アップ | 「反復学習＋継続」が基礎・基本！ ････ 047
09 使い方要注意　形容詞・副詞のミス Top 3 ････････････････････ 048
| ちょっとブレイク | Mt. Fuji is the highest. って間違い？ ･･････ 049
10 ライティングで要注意　通じないカタカナ英語をチェック！ ･･ 050
11 絶対犯してはいけない　その他の文法・語法のミス Top 10 ･･ 051
| ちょっとブレイク | water が数えられる！？ ･･････････････････････ 055

# Chapter 3　分野別 ライティング力UP トレーニング

## Unit 1　教育分野 ････････････････････････････････････････････････ 058
01 「教育分野」の最重要トピックはこれだ！ ･････････････････････ 058
02 Pro / Con 問題にチャレンジ！ ････････････････････････････････ 059
03 サポートマッチング問題にチャレンジ！ ････････････････････ 065

## Unit 2　メディア・サイエンス＆テクノロジー分野 ････ 067
01 「メディア・サイエンス＆テクノロジー分野」の最重要トピックはこれだ！

　　　　　　　　　　　　　　　　　　　　　　　　　　　　　067
02 Pro / Con 問題にチャレンジ！ ････････････････････････････････ 068
03 サポートマッチング問題にチャレンジ！ ････････････････････ 071

| Unit 3 | ライフ・文化・レジャー・環境分野 | 073 |
|---|---|---|
| 01 | 「ライフ・文化・レジャー・環境分野」の最重要トピックはこれだ！ | 073 |
| 02 | Pro / Con 問題にチャレンジ！ | 074 |
| 03 | サポートマッチング問題にチャレンジ！ | 077 |

| Unit 4 | ビジネス分野 | 081 |
|---|---|---|
| 01 | 「ビジネス分野」の最重要トピックはこれだ！ | 081 |
| 02 | Pro / Con 問題にチャレンジ！ | 082 |
| 03 | サポートマッチング問題にチャレンジ！ | 085 |

## Chapter 4 総仕上げ実践模試にチャレンジ！

| 01 | 学生はもっと新聞を読むべきか？ | 089 |
|---|---|---|
| 02 | 健康のために運動をする人は増えるか？ | 092 |
| 03 | ファストフードはもっとはやるか？ | 098 |
| 04 | 日本語を学ぶ外国人は増えるか？ | 103 |
| 05 | 電気自動車はもっと普及するか？ | 108 |
| 06 | コンビニエンスストアはもっと増えるか？ | 115 |

英検準2級ライティング攻略！必須表現100 ……… 122
英検準2級ライティング攻略！必須例文50 ……… 126

# Chapter 1

# 英検準2級ライティングの概要と攻略法

## 「英検」が変わった！

　英検は、社会（世界）に通用する英語を目指して創設された**「実用英語技能検定」**の略称です。1963 年に第一回試験が実地されて以来、**英語の 4 技能（読む・聞く話す・書く）を総合的に測る試験**として全国規模で行われてきました。本試験は学習者が英語を習う進度に合わせて初級から英語力を測れるよう工夫されており、日本の英語教育の進展に合わせ、改訂を加えながら発展してきました。日本英語検定協会により**年 3 回実施**されますが、昨今の英語教育熱の高まりに伴い受験者数は増加傾向にあります。2018 年度の受験者は約 385 万人を超え、今後も、増加することが予想されます。

　受験級は **7 つの級（5 級、4 級、3 級、準 2 級、2 級、準 1 級、1 級）**があり、5 級、4 級は一次試験のみ[※]、その他の級は一次の筆記試験（リーディング、リスニング、ライティング）と二次の面接試験（スピーキング、ただし一次合格者のみ）によって合否の判定が行われます。以前は合否判定だけでしたが、2016 年度から**「英検 CSE スコア」**という英検独自のスコアリングシステムにより、合否判定に加え、スコアが表示されるようになりました。それぞれの受験級に応じて合格基準スコアが設けられ、リーディング、リスニング、ライティング、スピーキング（2 次試験のみ）の技能ごとに均等にスコアが配分されています。

　つまり、英検は日頃からの **4 技能をバランスよく鍛える練習が合否のカギ**となります。

※ 級認定に影響しないスピーキングテストも用意されています。5 級と 4 級の受験者全員を対象とし、パソコンやスマートフォンから受験できます。

## 大学入試やその他の試験、そして海外留学に利用できる！

　英検資格取得のメリットは、「4 技能をバランスよく鍛えることで総合的な英語力の向上がはかれる」や「英語能力を証明できる」といったものだけでなく以下のような様々な利点があります。

### 1 英検資格を大学入試に利用できる！

　近年、日本では準 2 級以上の英検資格が 1700 校もの高校入試や単位取得で優遇されており、さらに大学入試では 336 校が推薦、AO 入試で使われており、そのうち 82% が準 2 級から 2 級の資格取得で何らかの優遇措置を受けられます。また、現在大学入

気トップ100校のうち、外部英語試験として9割が英検を利用しており、今後、**新大学入学試験**においても外部試験として利用される可能性が最も高い資格試験です。ゆえに英検資格の準2級をまず取得し、順に2級、準1級、1級と取得していくことは将来の進学や就職に非常に有利になります。

### 2 海外留学時の英語力証明資格として使える！

アメリカ・カナダなどの英語圏の大学や高校で英語力証明として使えます。さらにはオーストラリアでは、全高校への留学英語力証明として、この英検準2級以上の資格が使えます。

### 3 その他教員採用試験や通訳ガイド試験でも役に立ちます！

教員採用試験において英検準一級や一級資格者に対して特別措置を定める県が増えています。さらに、通訳ガイド試験では一級資格者は英語の筆記試験が免除になります。以上のように順次上の級を目指して学習し、資格を取っていくことによって英語力が向上するとともに、いろいろなチャンスが広がっていきます。

## 英検準2級の実力とは？

**英検準2級の実力**をつけると、どんなメリットがあるのでしょうか。ある調査によると、アメリカでよく見られるドラマのセリフの9割が準2級レベルの単語で話され、またセリフの8割を英検5級の単語が占めているということです。ですから英検5級から準2級までの英語を使えるようになると、英語圏での日常生活で困らないレベルから、世界で通用する論理的ライティング＆スピーキングの基本を習得することまで可能になり、その後の人生がグーンと豊かになります。

現状では、日本の英語学習者の力は2016年度の「英語教育実施状況調査」によると中高生ともに政府が2013年の閣議で決めた17年度までに目指すレベル（中学3年生が3級50％合格、高校3年生が準2級合格50％レベル）に到達した県は2016年の段階では、まだありませんでした。実際に到達した生徒（英検3級レベル）は中学で36.1％、高校（準2級レベル）で36.4％でした。この準2級の実力は**CEFR（セファール：欧州を中心に広く活用されている語学力のレベルを示す国際規格）**に照らし合わす（次ページの表参照）と初級者の分類Aの下から二番目のレベルになり、日本の英語学習者の8割がこのA1、A2に属しています。（現在、日本のTOEFL受験者

の平均点の順位はアジア30か国中26位です（1位はシンガポール、最下位はカンボジア）。日本のTOEFLのスピーキングとライティング部門はアジアで最下位。スピーキングは世界172か国中、最下位）政府はグローバル化に対応するために英語教育の充実を掲げ、日本人の英語力をアジアで1～2番にするための第一歩として**小学校での英語を教科化**し、小学校5～6年で5級レベルに、順次各学年のレベルをあげ、中3で準2級、高校で2級と準1級（有名国立大学の入試レベルは準1級）、英語の得意な生徒は1級の実力にしようと考えています。これらの実際に使える英語の実力形成の土台となるのがこの**準2級**です。

　具体的にはC2がネイティブ、A1は身の回りや自分の趣味のことが言える段階だとすると、A2（英検準2級に相当）のライティングは、外国の生活や文化、訪れたい国ややりたいこと、お気に入りのものや身近なことの紹介、ペットや好きな本について**50語～60語の英語で書け**、また簡単なお知らせや予定、簡単なメールなどが書けるレベルです。

| CEFR | 英検 | レベル |
| --- | --- | --- |
| C2 | ― | ネイティブレベルに近い熟練者 |
| C1 | 1級 | 優れた運用能力を有する上級者 |
| B2 | 準1級 | 実務ができる準上級者 |
| B1 | 2級 | 習得しつつある中級者 |
| A2 | 準2級 | 学習を継続中の初級者 |
| A1 | 3級、4級、5級 | 学習を始めたばかりの初学者 |

## 英検準2級合格はライティングが決め手！

　英検準2級合格には、**ライティング力を鍛えることが決め手**になります。その理由は、2016年度の「英検CSEスコア」導入と、2017年度の英検準2級一次試験内容の変更によりライティングテストの重要性が極めて高くなったからです。一次試験における英検準2級の配点を見てみると、各技能（リーディング、ライティング、リスニング）の満点スコアはトータルで1800（600点×3）点満点、そして合格点は1322点と決まっており、いくら2技能（リーディング、リスニング）の点数が良くてもライティングセクションでも一定の点数を取らないと合格点には届かないのです。このことから、**英検準2級合格**のた

めには「**ライティング力アップが不可欠**」ということが言えます。本書に取り組むことで基礎から応用に至るまで総合的なライティングをグーンとアップすることができ、合格により一層近づくことができます。

## エッセイ・ライティング問題とは？

では**英検準2級で出題されるエッセイ問題**について見ていきましょう。準2級では2017年度の第一回実用英語技能検定（6月）から一次試験でライティングが導入され、**自分自身の意見を発信する力が求められる試験**となりました。これは日本語的な発想で日本語を英語に翻訳する作業でエッセイを書くのではなく、英語の文章構成方法に従って論理的に意見を述べる力が求められる内容になりました。よってこれまでの2技能（リーディング、リスニング）の対策だけでなく書く力をつけることが必須となりました。

エッセイの書き方については、後で詳しく扱うので、ここでは触れませんが、2017年第1回に出題されたエッセイ問題「**外食か家で食べるかどちらが人々にとってよいか？**（Do you think it is better for people to eat at restaurants or at home?）」や、英検協会がサンプルとして提示している問題の「**学校でのクラブ活動に学生は参加すべきか？**（Do you think students should take part in club activities at school?）」や「**学校で電子辞書を学生は使うべきか？**（Do you think students should use electronic dictionaries at school?）」は、一見シンプルに思えますが、「自分の賛否の主張とその理由2つとサポート文2つ」を答えるとなると、英語はもちろんのこと日本語でもトレーニングしていないと難しいでしょう。

こういったトピックに論理的に答えるには、日頃から背景知識を蓄えつつ、「**自分の意見＋その根拠となる理由2つ**」が思い浮かぶように、いろいろな分野に関して理解を深めることが重要です。本書では、このようなライティング問題に対して、**適切なエッセイの書き方から、論理的思考力、語彙力、文法力、背景知識、攻略法**など今後、皆さんの英語学習の基本となる様々な能力を高めるための問題演習やアドバイスをしていきたいと思います。

## 英検準 2 級ライティングの頻出トピックはこれだ！

　2017 年度から英検準 2 級の一次試験にエッセイライティングが導入されましたが、どういった問題の対策をしたらよいのでしょうか。英検 2 級、準 1 級、1 級の場合、1 次のエッセイ課題と 2 次面接問題が大きく重なっていることから、ずばり準 2 級でも **2 次面接の試験と非常に似ているトピックが出題**されることが予測されます。したがって有効な対策として考えられるのが、準 2 級の 2 次試験に出題されたトピックに焦点を当てて、それらを正確かつ論理的に書けるように練習することが、合格への近道です。

■英検準 2 級 2 次試験出題トピック頻度分析はこれだ！

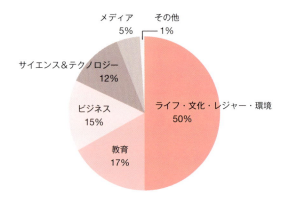

　上に掲載されているグラフは、過去 10 年間の英検準 2 級の 2 次試験で出題されたトピックの頻度分析をしたもので、中でも特に重要なのが「**ライフ・文化・レジャー・環境**」「**教育**」「**ビジネス**」「**サイエンス＆テクノロジー**」の 4 大分野で、エッセイライティングでもそれらを中心として出題される可能性が非常に高く、対策が必須の分野となっています。

　ではまずこれらの 4 大分野のトピックを確認しておきましょう。

### 1位　ライフ・文化・レジャー・環境 → 50％！

　余暇の過ごし方、海外旅行と国内旅行、外国人観光客は増えるか、電車旅行は車旅行よりよいか、映画を観るのは映画館か家か、海外の歌や祭り、ペットに関する倫理的な問題、買い物にエコバッグを持って行くか、など。

**2位** 教育 → **17%**

　子供の行動や学校教育に関するトピック。音楽を聞きながらの勉強の是非、子供はもっと外で遊ぶべきか、留学すべきかなど

**3位** ビジネス → **15%**

　コンビニの利用、24時間営業のレストラン、古物市での買い物、100円ショップでの買い物など

**4位** サイエンス＆テクノロジー → **12%**

　インターネットの是非（重要！）、eメール、コンピュータ、携帯電話など

　今後もこの4大分野を中心に出題されると予想されます。日常的に新聞やニュースに目を通し、時事問題の知識を深め、それらについて自分の意見を書けるように準備しておきましょう。

## 英検準2級の採点基準とは？

　それでは準2級の採点基準はどのようなものか確認しておきましょう。日本英語検定協会が公開しているライティングの採点方法によると、**採点は「内容」「構成」「語彙」「文法」**の4項目について行われます。これは準2級だけでなく、2級、準1級、1級も同じ基準で行われます。

**① 内容**
　**問題に沿った答え**になっているか（意見とそれに関連した理由2つ）。また、理由の根拠となる具体的な例が示されているかどうか

**② 構成**
　**英文の構成や流れがわかりやすく論理的か**。読み手にわかりやすく、文同士のつながりに一貫性があるか

**③ 語彙**
　**問題にふさわしい単語や表現**が使われているか（トピックに合った語句や単語を適切に使っているか）。特に同じ語彙や表現を何度も繰り返すことがないように注意が必要です。また、英語以外の言葉を使う場合は、その言葉を簡単な英語で説明することが大切です。

④ **文法**

いろいろな文構造が適切な場面で正しく使えているかどうか。**時制、主語と動詞の一致、冠詞、仮定法、接続詞、前置詞**などの項目に特に注意が必要です。

特に注意すべき点は①「内容」で、全く答えになっていない場合や、問題に関係のない答えが書かれている場合は0点となることがあるので注意が必要です。次に②「構成」ですが、日本語を英語に訳すだけの「英作文」ではなく、適切な英語の論理的発想とフォーマットに基づいて文章を書くことが重要です。

それでは、この「内容」がまずい例と「構成」がまずい例をそれぞれ見ていきましょう。

**例題**

## Do you think students should read more books?
[訳] 生徒はもっと本を読むべきと思いますか

▶ ①「内容」が悪い解答例

I think students should read more books. I have two reasons for this. First, students can become intelligent. They can read a lot of books in the library. When I was in elementary school, I read many history books, and they were interesting.

▶ ②「構成」が悪い解答例

I think students should read more books. I have two reasons for this. First, students can get a lot of information about many things. They are interested in world history. They can learn about important past events. Books teach students that wars are bad things.

これは実際に生徒が書いたエッセイに少し修正を加えたもので、これらのエッセイには文法や語彙のミスはありませんが、どの部分の「内容」と「構成」が悪いかわかりましたか？

まず①の「内容」に問題のあるエッセイですが、「知的になる」とFirst以下で述べていますが、その次に「図書館で多くの本を読むことができる」と書いており、問題と全く関連性がない文になっています。また、最後の文では「小学生の時に多くの歴史の本を読んで面白かった」と個人的な話になってしまっています。ライティング問題では、理由や具体例は個人的な「内容」を書くと説得力がなく減点の対象になるので、**一般的で客観的な答えを書く**ようにすることが大切です。

次に②の「構成」の問題には気づきましたか？ First 以下で「様々なことについて多くの情報を得ることができる」と述べ、その後に「彼らは世界史に興味がある」「過去の重要な出来事について知ることができる」「本は戦争が悪いことだと教えてくれる」と続いていますが、それぞれの文どうしの関連性がなくばらばらで、文章にまとまりがないことがわかります。このようにある程度問題に即した回答をしていても、構成が悪いとライティングで高得点を取ることが難しくなります。

「問題に沿ったまとまりのあるエッセイ」を書くためには、特に「内容」と「構成」に注意を払い、書き終えた後、問題と照らし合わせて**「主題から外れていないか」「文と文が論理的につながっているか」**を常にチェックするように習慣づけましょう！

このように書き終わった後は文法と語彙以外に以下の4つのポイントをチェックしておきましょう！

① **問題に適切に答えているか？**
問題を再読し、書いた内容と照らし合わせましょう！
② **主張が個人的なものになっていないか？**
一般論を書くように心がけましょう！
③ **理由とサポート（具体例）があるか？**
忘れずに2点ずつ書くようにしましょう！ また、理由とサポートがきちんとマッチングしているかを確認しましょう！
④ **2つの理由はダブっていないか？**
1つめと2つめのポイントが同じ内容になっていないかを必ずチェックしましょう！

## キーアイディアとサポートの書き方を完全マスター！

次に、エッセイライティングの基礎となるエッセイの構成方法（キーアイディアとサポートが中心）をマスターしましょう。英検準2級のエッセイは以下の流れで書き始めていきます。

■ **文章の基本構成**

**イントロダクション ( introduction: 導入)**
▶ 問いに答える (I think that ~ / I don't think that ~)

**キーアイディア (key idea)**
- イントロダクションの答えとなる理由

**サポート (support)**
- キーアイディアを証明するための具体例

　この話の展開方法は欧米人にとって自然な話の展開ですので、これをマスターすることは非常に大切です。この展開から離れると欧米人にとって不自然に聞こえ、理解しがたい構成になるので注意が必要です。特に「キーアイディア」と「サポート」を混同してしまう受験者が多いです。まず、その違いをよく理解するために次の例題でキーアイディアとサポートの違いを見てください。

**例題**

## What is your favorite season？
[訳] 好きな季節は何ですか

▶ 解答例

　①It's spring ②because you can do various outdoor leisure activities. ③For example, you can easily take up outdoor sports such as jogging and cycling in a cool temperature. ③Also, you can enjoy viewing a lot of blooming flowers in parks and gardens.

**表現力をUPしよう！**

- □ leisure activity 娯楽活動　□ take up （趣味で）〜を始める
- □ blooming flower 満開の花

[訳] いろいろな野外活動ができるので春が好きです。例えば涼しい気温の中でジョギングやサイクリングなどの屋外スポーツを気軽に始めることができます。また、公園や庭園ではたくさんの満開の花の観賞を楽しむことができます。

　適切な話の展開方法はつかめましたか？　それでは詳しく解説をしていきましょう。
　まず①が質問に対する答え、②がその大まかな理由（キーアイディア）です。そして③の2つは②の理由をサポートするための具体例となっています。このように理由を述べた後に具体例を提示することが、ライティング攻略の重要ポイントとなります。**英語では常に general to specific（一般的・抽象的から具体的へ）が基本となるので、ポイントを一般的に抽象的に述べてから具体的なものへと展開していくことが重要となります。**

次はエッセイ形式の問題になっています。特にキーアイディアとサポート、そして「一般・抽象から具体へ」の流れに注目して読み進めてください。

> 例題

## Do you think junior high schools should offer school lunches to their students?

［訳］中学校は生徒に給食を提供するべきですか。

▶ 解答例

①**I think that** junior high schools should offer school lunches to their students **for two reasons**. ②**First**, students can develop a good habit of eating healthy lunches. ③This is because school cafeterias offer well-balanced and nutritious foods regularly. ④**Second**, more and more mothers want schools to provide lunches to their children. ⑤They are getting too busy to prepare lunch boxes for their children because they work full-time and come home late. ⑥**For these two reasons**, **I think that** junior high schools should offer school lunches to their students.

［訳］私は2つの理由から、中学校は生徒に給食を提供するべきだと思います。第1に、生徒は健康によい昼食をとるよい習慣を身につけることができます。これは、学食はバランスの取れた栄養ある食事を規則的に提供するからです。第2に、学校に子どものために昼食を出してほしいと思う母親がますます多くなっています。これらの母親は、フルタイムで働き、帰宅が遅く、多忙すぎて、子どもに昼のお弁当を用意することができません。これら2つの理由から、私は中学校が生徒に給食を提供するべきだと思います。

いかがですか。大まかなエッセイの構成はつかんでいただけましたか？ それでは詳しく見ていきましょう。

まず①でイントロダクション（導入）として問いに対する答えを提示した後に、for two reasons「2つの理由で」と述べて、続いて2つの理由が来るということを示しています。英検準2級ライティングでは問題文に「**あなたの意見とその理由を2点書きなさい。**」とあることから、これが非常に大切になります。また、それぞれのキーアイディアを述べる際は **first(ly), second(ly)** や **The first reason is that ～. Another reason is that ～.** のように **signpost（目印になる表現）** を忘れずに書くようにしましょう。

次に First と Second のところで、それぞれ②と④がキーアイディア、③と⑤がそのサポートとなっています。First では、②でまず中学校で学生に給食を提供するべき理由を簡単に述べ、③でその根拠となる具体例を示します。これが先に述べた general to specific（一般的・抽象的から具体へ）の流れです。注意点としては、**1点目と2点目の理由が重複しないようにすること**と、**説得力があり、かつ論理性がある理由を書くこと**です。**英語は日本語よりも「論理性」を重視する言語**なので**常に理由や根拠が求められます。**

エッセイライティングの基礎となるキーアイディアとサポートの概要はつかめましたか？次のステップでは実践問題を用いて英検準2級の必勝攻略法を学んでいきます。これまでに紹介した適切な文章構成を意識してトレーニングに励みましょう。

## 英検準2級のエッセイの必勝攻略ポイントとは？

ではここからはよりレベルの高い攻略法を学んでいきます。まず以下の必勝攻略ポイントを確認しておきましょう。

### 必勝攻略ポイント1 ── 強いアーギュメント（argument）を2点考えること

**アーギュメント**とは「**何かを証明するための論理的な意見・主張**」のことで、英語で意見を言うときには不可欠です。そしてエッセイライティングで重要なのは「**強いアーギュメントを2つ書くこと**」、つまり一部のケースにしか当てはまらないものではなく、偏りがない説得力がある主張をすることが、質の高いエッセイを書く鍵になります。

### 必勝攻略ポイント2 ── 普段から Pro / Con を考えること

**Pro** とは「**賛成**」、**Con** とは「**反対**」を意味し、英語では非常に重要な観点です。問題に答えるとき、賛成の立場だけでなく、反対の立場も含めて両方の立場からどのようなアーギュメントが展開できるかを考えることが大切です。日々のこのような訓練によって、様々なトピックに明快に答えることができるようになります。

### 必勝攻略ポイント3 ── 自分の書きたい意見ではなく意見を決めやすい立場から書くこと

問題によって自分の書きたい意見では書き進めることが難しいこともあります。その場合は、2つの強い理由や関連表現が浮かびやすい立場で書き進めるようにしましょう。まちがっても、どちらの立場を取るか決めないまま何となく書き進めることのないようにしましょう。

# 必勝フォーマットで完全攻略！

　英検準2級のエッセイライティングは指定語数が50語〜60語と短く、その中で理由を2つ述べるわけですからそれほど深く意見を書くことはできません。逆に考えれば、「**一定の型（ひな形）」を身につければ、難なく簡単にエッセイをまとめることができます。**この型を暗記することでどんな問題にも対応でき、ミスも少なく時間のロスを最小限におさえることができます。また、級が上がり問題が難しくなってもそれなりの文章が書けるようになり、難しいと考えられているエッセイが書きやすくなります。ではひな型を簡単に紹介します。

### 例題

- 以下のトピックについてあなたの意見とその理由を2つ書きなさい。
- 語数の目安は50語〜60語です。

> **Do you think that elementary school children should not have a cell phone?**
> 
> ［訳］小学生は携帯電話を持つべきではないと思いますか？

ではこの問題を用いて必勝フォーマットを活用する方法を紹介していきます。

### ポイント① 書き出しは「問題への解答＋問題文の転写」

　まずは問われていることに対してI think か I don't think かを述べ、次に問題文をそれに続けて転写し、for two reasons「2つの理由で」という表現を付け加えます。ただし、that以下が否定のときはI don't think ... that ... not ...の形にしないで、I disagree with the idea that 〜のようにするほうが自然です。書き出しは以下のようになります。

▶ 賛成（Pro）の場合

**I think that** elementary school students should not have a cell phone **for two reasons**.

▶ 反対（Con）の場合

I disagree with the idea that elementary school students should not have a cell phone **for two reasons**.

### ポイント② 最後は「for these two reasons, ＋書き出しの文」

理由を First, Second と述べた後に最後に For these two reasons「これら２つの理由から」を書き、その後に賛成か反対の意見をもう一度書きましょう。

このように２つのポイントをマスターするだけで、アイディアを考えることに十分な時間をかけることができるようになります。何度も繰り返し練習して、本番にすらすらと書けるようにしておきましょう。

では最後にキーアイディアを考えていきましょう。解答例を見る前に「子供の携帯所持」のメリット（Pro）とデメリット（Con）を考えてみてください。

では以下に解答例を示します。（Pro：子供の携帯所持賛成の立場）のキーアイディアとサポートに注目して読み進めてください。

### モデル・エッセイ

→ 賛成の意見

①**I think that** elementary school students should not have a cell phone for two reasons. ②**First**, children may use a cell phone for a long time a day. ③Their eyes go bad by playing games on the cell phone for a long time. ④**Second**, children may access harmful websites. ⑤This may get them into trouble. ⑥They may even get involved in a crime. ⑦**For these two reasons**, I think that elementary school students should not have a cell phone.

#### 表現力をUPしよう！

- elementary school students 小学生　□ harmful 有害な
- get 人 into trouble 人がトラブルに陥る
- get involved in a crime 犯罪に巻き込まれる

[訳] ①２つの理由から小学生が携帯を持つべきでないと思います。②一点目の理由として子供は一日に長いこと携帯を使うかもしれません。③長い間ゲームをするので目が悪くなります。④２点目の理由として、子供は有害なサイトにアクセスするかもしれません。⑤このことでトラブルにいたるかもしれません。⑥犯罪に巻き込まれることすらあるかもしれません。⑦これら２つの理由から、小学生は携帯を持つべきではないと思います。

いかがでしょうか？　それぞれ first と second 以下の②と④のキーアイディアから③と

⑤のサポートへの展開はつかめましたか？ ②に対する理由が③に、④に対する理由が⑤になっていることがわかると思います。②と④の理由の具体例や説明を常に考えることが大切です。

　お疲れ様でした！ これで論理的なエッセイの作成の仕方の基本は終了です。次は**ライティングで最重要の「文法と語法のポイント」**を特集して取り上げます。**エッセイライティング攻略の鍵は「内容・構成」と「文法と語法」のレベルアップ**です。準備はいいですか？ では気合を入れてどんどんまいりましょう。

# Chapter 2

# エッセイ・ライティング最重要文法・語法を徹底攻略

この章ではライティング力アップに欠かせない文法と語法について学びます。これをしっかりやっておかないと減点されてしまうので、しっかりマスターしてください。ライティングで特に出現頻度が非常に高いミスを中心に、問題形式でチェックできるようになっているので、効率よく文法力・語法力をグーンとアップすることができます。それでは早速まいりましょう！

## 01　ライティングで必須　超重要スペリングをチェック！

　初めはライティングの基礎となる正しいスペリングを学習します。まずはスペリングミスの頻度が高い単語にトライしてみましょう。日本語に合うように [　　] に入る適当な1語入れてください。ただし、文頭の文字が示されているのでそれに続けてください。
　では、トップ10からです。早速まいりましょう！

### 最重要スペリング Top 10 をチェック！

|  |  |  |
|---|---|---|
| 1位 | 外国語を話す | speak a [foreign] language |
| 2位 | 日本政府 | the Japanese [goverment] |
| 3位 | 日本食レストラン | a Japanese [resfaurant] |
| 4位 | 貴重な経験 | valuable [experience] |
| 5位 | 環境問題 | [envidment] problem |
| 6位 | 必要な情報 | [necessary] information |
| 7位 | 紙をリサイクルする | [resycle] paper |
| 8位 | 重要な問題 | an [important] issue |
| 9位 | メールを受け取る | [receive] an e-mail |
| 10位 | 渋滞が原因で | [because] of traffic |

　いかがでしたか？　すべて自信を持って正しく書けましたか？　さっそく答え合わせをしてみましょう！

## 答えをチェック

- **1位** for**eig**n → ダントツ1位！ foreigner も注意！
- **2位** gover**n**ment → n 抜け注意！
- **3位** rest**au**rant → "au" が良く抜けます。
- **4位** exp**e**rience → e が i にならないように！
- **5位** enviro**n**mental → n 抜け多発！ environment も要注意！
- **6位** nece**ss**ary → s は忘れずに2つ！
- **7位** recy**c**le → ci ではなく cy！
- **8位** i**m**portant → m が n になりがち！
- **9位** re**cei**ve → cei の箇所に要注意！
- **10位** bec**a**use → au が ou にならないように！

では引き続きトップ11位～20位のスペリングミスをチェックしてましょう！

## 最重要スペリング Top 11～20 をチェック！

- **11位** プロのスポーツ選手　　[p　　　　] sports player
- **12位** do しようと決心する　　[d　　　　] to do
- **13位** 仕事のチャンス　　job [o　　　　]
- **14位** 心地よい環境　　[c　　　　] environment
- **15位** メッセージを送る　　send a [m　　　　]
- **16位** 良いホテルを勧める　　[r　　　　] a nice hotel
- **17位** コンビニ　　[c　　　　] store
- **18位** 幸せな結婚をする　　have a happy [m　　　　]
- **19位** ビジネスでの成功　　business [s　　　　]
- **20位** 時々　　[s　　　　]

## 答えをチェック

- **11位** profe**ss**ional → s は2つ必要！ professor「教授」も要注意！
- **12位** d**eci**de → e が i に、c が s にならないように！

| 13位 | o**pp**ortunity | → p は 2 つ必要！ |
|---|---|---|
| 14位 | co**m**fortable | → con になりがちなので要注意！ |
| 15位 | me**ss**age | → s は 2 つ忘れずに！ |
| 16位 | reco**mm**end | → m は重ねること！ |
| 17位 | conv**e**nience | → 1 つ目の e が i にならないように |
| 18位 | ma**rr**i**a**ge | → r は 2 つ必要！ 2 つ目の a も忘れずに！ |
| 19位 | succe**ss** | → business も同じように最後は s が 2 つ必要！ |
| 20位 | sometime**s** | → 最後の s が抜けがち！ 同じように nowadays の s も必ず必要なので一緒に覚えておこう！ |

すべて正解できましたか？ この他にもよく見られる誤りとしては、

until（→ **l** は一つだけ！ till と混同しないこと）、

occurred（occur の過去形 → **r** が **2** つ必要！）

また、進行形にする際も要注意で、とくに子音を重ねてつづる単語には注意を払いましょう。

| begi**nn**ing | pu**tt**ing | ru**nn**ing | cu**tt**ing |
|---|---|---|---|
| hi**tt**ing | ge**tt**ing | sho**pp**ing | |

1 語で書くべき語を 2 語で書いてしまうスペルミスもよく見られます。以下の 4 つは間違いやすいので要チェックです！

| アルバイトをする | work part time → work part-time |
|---|---|
| 生活スタイル | life style → lifestyle |
| 田舎 | country side → countryside |
| 週末 | week end → weekend |

# 02 ライティング力UP 超重要コロケーションをチェック！

このセクションではライティング力をアップさせるためのフレーズを学習しましょう。ここで重要なポイントは、語彙は**「コロケーションで覚える」**ということです。**「コロケーション」とは語と語の自然な組み合わせ**を意味し、言語を学ぶ上では非常に重要なポイントです。

例えば「値段が高い」は自然な日本語ですが、「値段が大きい」は不自然な日本語です。これは「値段」と「大きい」との相性がよくないからです。

もちろん、英語には英語のコロケーションがあるので、日本語の「相性」を英語にそのまま持ち込んで訳すと不自然な英語になる可能性があります。例えば「薬を飲む」はdrink medicineではなくtake medicineと表現しなければなりません。

コロケーションをマスターにするには、単語1語ずつで覚えるのではなく、どのような語とよく結びつき、自然な組み合わせになるかを考えながらフレーズで語彙学習を進めることがポイントです。

それではライティングでよく用いられるコロケーションを中心に問題にトライしてみましょう！ 日本語に合うように [　] に適切な英語を書いてください。

## 最重要コロケーションをチェック！

(1) 子供を育てる　　　　[　　　　] children
(2) 問題を解決する　　　[　　　　] a problem
(3) 重い病気　　　　　　[　　　　] disease
(4) 人口が多い　　　　　have a [　　　　] population
(5) 環境に害を与える　　[　　　　] damage to the environment
(6) 事故に遭う　　　　　[　　　　] an accident
(7) 理由を述べる　　　　[　　　　] a reason
(8) 犯罪を犯す　　　　　[　　　　] a crime

> 答えをチェック

### (1) raise
bring up でも可能です。とくに grow を用いるミスが非常に多いのですが grow は「(植物を) 育てる」という意味です。grow up「大人になる」「成長する」と混同しないように注意しましょう。

### (2) solve
answer a problem は間違いなので気をつけましょう。answer は answer a question「質問に答える」となります。

### (3) serious
日本語につられて heavy としてしまうミスがよく見受けられるので要注意です。

### (4) large
many population は非常に多い間違いです。「人口が少ない」は have a small population のように small を使います。

### (5) cause / do
日本語につられて give damage to のように give を使ってしまいそうですが、cause が一般的です。

### (6) have
上記と同様、日本語につられて meet としそうですが、have が一般的です。

### (7) give
tell a reason や say a reason としてしまいそうですが、give が一般的です。

### (8) commit
get involved in a crime「犯罪に巻き込まれる」も覚えておきましょう！

　以上、ここで紹介したのは、日本人がよく間違える代表的なコロケーションのミスでしたが、シンプルに見えてなかなかチャレンジングだったでしょう。本書では、この後もコロケーション問題がたびたび出てきますが、語彙学習の基本は、どの語とどの語の相性がよいか、つまりコロケーションをフレーズで覚えることです。

　それでは、ここからがいよいよ本題です。まずは最重要の動詞表現です。では、はりきってまいりましょう！

# 03 ライティングで必須 基本動詞を徹底マスター！

次は基本動詞をマスターするための練習を行いましょう。

**基本動詞とは get, give, have, do, make** などの中学 1 年生で学習する英語学習の基礎となる動詞を指し、特に会話では頻繁に用いられます。例えば「する」と聞くと、do や play が思い浮かびますが、do や play がすべての表現に使えるわけではありません。例えば「努力する」は do an effort や play an effort ではなく、make an effort と make を使って表します。

このように表現によって使い分けが必要になるので、先に紹介したコロケーション（どのような語句とセットで用いるか）を意識して学習することが大切です。それではさっそく問題演習を通して基本動詞をマスターしていきましょう！

次の日本語に合うように最も適切な記号をア〜ウから選んでください。まずは最重要「する」に関する表現［基礎編］5 問です。では張り切ってまいりましょう！

## 基本動詞徹底チェック！ ［基礎編］

**(1)** 宿題をする　　　[　　　] one's homework
　　ア do　　　イ play　　　ウ make

**(2)** 買い物をする　　[　　　] shopping
　　ア do　　　イ make　　　ウ give

**(3)** ミスをする　　　[　　　] a mistake
　　ア do　　　イ play　　　ウ make

**(4)** 食事をする　　　[　　　] meals
　　ア get　　　イ give　　　ウ have

**(5)** スピーチをする　[　　　] a speech
　　ア do　　　イ give　　　ウ have

## 答えをチェック

**(1) ア**
do は使用範囲が広いため、使われる頻度も非常に高い動詞です。とくに**割り当てられた作業や家事関係の場合によく用いられます。**
[例] do the cooking「料理をする」、do (the) dishes「皿洗いをする」

**(2) ア**
「買い物に行く」の場合は go shopping と go を使います。go to shopping と前置詞を入れてしまう間違いが多いので注意が必要です。

**(3) ウ**
「間違い」を英語で表すときに、日本語につられて miss としてしまう「ミス」がよく見られるのでこちらも要注意です！

**(4) ウ**
「朝食」「昼食」「夕食」のような特定の食事の場合も have を用いて have [breakfast / lunch / dinner] とします。注意点は、**meal は冠詞が付いたり、複数形になりますが、「朝食」「昼食」「夕食」は、形容詞で修飾する場合（have a quick lunch「さっと昼食をすませる」など等）を除いて、have breakfast のように無冠詞**となります。

**(5) イ**
話者が一方的に話す行為を表す場合は give を使うことが多く、give（または make）a presentation about ...「…についてプレゼンテーションをする」や give a lecture「講義をする」などがよく用いられます。

全問正解できましたか？「する」だけでも非常に幅広い用法があることがおわかりいただけたのではないでしょうか。

次は少しレベルを上げて「標準編」にトライしてみましょう！

## 基本動詞徹底チェック！ 標準編

**(6)** オンラインで会話をする　[　　　] an online chat
　　ア take　　イ have　　ウ give

**(7)** 沖縄に旅行をする　[　　　] a trip to Okinawa
　　ア get　　イ take　　ウ give

**(8)** 長期休暇を取る　[　　　] a long holiday[vacation]
　　ア take　　イ make　　ウ do

(9) ボランティア活動をする　　[　　　　] volunteer activities
　　ア do　　　　イ play　　　　ウ take

(10) ～の予定を立てる　　[　　　　] plans for ～
　　ア make　　　イ take　　　ウ give

### 答えをチェック

**(6) イ**
「会話」系は have で表すことが多く、have a telephone conversation「電話で会話する」、have arguments with him「彼と口論する」のように用いられます。

**(7) イ**
この他にも make a trip to ... や go on a trip to ... も同じ意味でよく用いられます。ちなみに trip は動詞で用いると「つまずく」という意味なので注意しましょう。

**(8) ア**
「休みを取る」は通常 take, have が用いられます。[take/have] a few days off「数日間休みを取る」、[take/have] maternity leave「産休を取る」、[take/have] a paid leave「有給休暇を取る」。

**(9) ア**
ボランティア活動に関するトピックは英検で非常に出題頻度が多いので、この表現は必ず身につけておきましょう！

**(10) ア**
plan を動詞として用いる場合は plan to do「do することを計画する」のように使います。

いかがでしたか？ 少しレベルが高かったのではないですか？
では、もうひと頑張りです。気合を入れ直して最後の「発展編」にまいりましょう！

## 基本動詞徹底チェック！ 発展編

(11) 行動を起こす　　[　　　　] action
　　ア make　　　イ give　　　ウ take

(12) 予約をする　　[　　　　] a [reservation / booking] for ～
　　ア do　　　　イ make　　　ウ take

(13) ～についてリサーチをする　　[　　　] research on ～

　　ア give　　　イ do　　　ウ take

(14) 決定する　　　　　　　　[　　　] a decision

　　ア do　　　イ make　　　ウ give

(15) 危険を冒す　　　　　　　[　　　] a risk

　　ア give　　　イ take　　　ウ make

### 答えをチェック

**(11) ウ**

**(12) イ**
book、reserve は共に動詞としても使うことができます。

**(13) イ**
research は通常無冠詞で使われます。a や the がついたり、複数形にしないので注意しましょう。

**(14) イ**
take a decision と表現することも可能です。

**(15) イ**
類似表現の take a chance「一か八かやってみる」も覚えておきましょう。

　お疲れ様でした。基本動詞とはいえ、なかなかやりがいがあったのではないでしょうか？ ここで扱った表現はライティングや二次の面接試験でも大いに活用できるのでしっかりとマスターしておきましょう！

　それでは続けて動詞に焦点を当てて学習を進めていきましょう。次はライティングで特に注意が必要なミスの頻度が高い「動詞の使い方のミス Top 3」です。これをマスターすることでもうワンランクステップアップしましょう。

# 04 ライティングで要注意 動詞の使い方のミス Top 3

ここでは非常にミスの多い動詞の使い方トップ3を紹介します。どのような使い方が誤りなのかをしっかりとマスターしておきましょう！

間違いランキング  1位

## increase / decrease の主語を間違える
### 増減するのは「人や物でなく」、「数や量」！

これは非常に多い語法ミスの代表格です。increase や decrease を使う際は、**必ず主語をチェック**しましょう。主語として使えるのは「数 (number)」、「量 (amount)」です。下の例文でその違いをおさえておきましょう！

「日本を訪れる外国人観光客は近年大幅に増加した」

❌ Foreign tourists to Japan has greatly increased in recent years.
　→ 主語が「人」なので不可！

⭕ **The number of** foreign tourists to Japan has greatly **increased** in recent years.　　　＊ the number of … …の数
　→ 主語が「数」なのでこちらが正解

間違いランキング  2位

## discuss about としてしまう
### discuss は他動詞！

discuss「〜について議論する」は他動詞（直接目的語を取る動詞）ですが、日本語につられて about をつけてしまうミスが多発しています。例えば「重要な問題について議論する」は **discuss an important issue** となり about をつけてはいけません！

ただし名詞として用いる場合 (discussion) は have a discussion about 〜 のように表現するので about が必要です。

間違いランキング **3位**

# provideの後の前置詞で混乱する
### 前置詞withとforの使い分けに要注意!

目的語に応じてto/withを使い分ける必要があります。「A（人）にB（物）を供給する」と表現する場合は次のように2パターンで表現することができます。

- **provide A（人）with B（物）**
- **provide B（物）to[for]（人）**

例えば「政府は国民に良い公共サービスを提供するべきだ」を英語で書くと次のように表すことができます。

- The government should **provide** the public **with** good services.
- The government should **provide** good services **to** the public.

## homestayの正しい使い方は?

これは指導経験上の話ですが、高校生、大学生で、そして指導者も含めてhomestayという単語を正確に使える人はほとんどいません! よくあるミスは次のようなものです。

- ✗ I did/enjoyed a homestay in Sydney last year.
  → do homestayやenjoy a homestayは不自然な英語です。
- ✗ I homestayed in Sydney for two weeks last year.
  → homestayは名詞で動詞として使うのは誤りです。

「ホームステイした」は動詞のstayを使います。

- **I stayed with a British family** two summers ago.
  2年前の夏にイギリス人家族の家にホームステイしました。

下記は、名詞としてhomestayを使った例文です。

- Homestay is a great way to learn about local culture.
  ホームステイは地元の文化を知るのに最適な方法です。
- Some students prefer to take part in a homestay program.
  ホームステイプログラムに参加することを好む学生もいます。

# 05 ライティングで要注意 使い分けが紛らわしい動詞 Top 3

上級者でも使い方を混同してしまいがちな動詞表現を3つ紹介します。どれも基本的な単語ですが非常にミスが多いので、使用するときには細心の注意を払いましょう！

紛らわしいランキング

## learn と learn about

日本語に訳すと「〜について学ぶ」ですが **learn は「技術や学問を身につける」**、**learn about は「〜に関して知識を広げる、新たに知る」**という意味です。では、どちらを使うか問題に挑戦してみましょう！

**(1)**「異なる文化 (different cultures) について学ぶ」
　　[learn / learn about] different cultures
**(2)**「プログラミングスキルについて学ぶ」
　　[learn / learn about] programming skills

(1) は「知識を深める」という意味なので learn about、(2) は「スキルを身につける」ということなので learn が正解となります。

紛らわしいランキング

## prepare と prepare for

**prepare は「〜の準備をする」**、**prepare for は「〜に備えて対策をする」**といった意味の違いがあります。日本語で考えると混乱してしまいがちですが、意味が異なるので次の問題でどちらが正しいか確認しておきましょう！

**(1)** 書類の準備をする　　[prepare / prepare for] a document
**(2)** 地震に備える　　　　[prepare / prepare for] an earthquake

(1) は prepare, (2) は prepare for が正解となります。

紛らわしいランキング 3位

# rise と raise
## rise は「自動詞」、raise は「他動詞」！

　rise は目的語を取らない「自動詞」、raise は目的語を必要とする「他動詞」です。次の例文でそれぞれの使い方を確認しておきましょう！

- Recently, the prices of houses have risen in many countries.
  最近多くの国で住宅の値段が上がった。
- The government should raise taxes on cigarettes.
  政府はタバコ税を上げるべきだ。

### 例文で脳に英語の「型」を作ろう！

　英文を頭の中で組み立てる上で大切なことは、どれだけ例文（英文のモデル）が頭に入っているかです。文法的に正しく、かつ自然な例文が頭に入っていると、ライティング、スピーキングで英文を組み立てやすくなります。逆に言うと、ある程度のインプットがないと不自然な英文を作ってしまいます。「暗記」と聞くとマイナスなイメージを持つ人もいるかもしれませんが、初級〜中級にとっては「暗記」が基本です。ライティング、スピーキングが苦手な人は英語が苦手というよりは、頭に入っている例文の数が少ないことが多いので、一定の「型」を覚えることで少しずつ自分の意見を書き、話すことができるようになります。是非巻末の例文集を活用して英語を発信する基礎を作りましょう！

# 06 ライティングで必須 超重要動詞 Top 3

　ここではライティングやスピーキングで非常に役に立つ超重要動詞を紹介します。これらは様々なテーマに関する問題にも応用でき、さらには使用頻度も非常に高いので、しっかりと運用できるようにしておけばスコアアップにつながります。それではまいりましょう！

重要ランキング 1位

## improve
「（今より）良い状態にする」「向上させる」

あらゆる文脈で使うことができる便利な表現です。次の3つを覚えておきましょう！

- improve [one's language / computing / communication] skills
  [言語／コンピュータ／コミュニケーション] 能力を高める
- improve [the / one's] quality of life　生活の質を高める
- improve the situation　状況を改善する

重要ランキング

## make it [easy / possible] for [人 / 物] to do
人・物が do することを「容易にする」「可能にする」

無生物主語が来ることが多く、様々な文脈で使える非常に便利な表現です。

- Having great computing skills makes it easy for many people to find a job.
  優れたコンピュータスキルを持っていることで多くの人は仕事を見つけるのが容易になります。
- Sharing an apartment makes it possible for college students to cut[decrease] the cost of living.
  アパートをシェアすることで、大学生は生活費を削ることができます。

039

重要ランキング **3**位

# play an important role
「重要な役割を果たす」

play an important role in [doing / 名詞] の形でよく用いられます。

- Volunteer workers play an important role in supporting homeless people.
  ボランティアの人たちはホームレス支援において重要な役割を果たします。
- Parents play an important role in their children's healthy growth.
  親は子供の健全な成長において重要な役割を果たします」

お疲れ様でした。これで最重要動詞の項目は終わりです。ここからは文法と語法の力をグーンとアップしていただくために、ライティングで重要な項目をどんどん学習していきましょう。

次は多くの学習者が苦手とする「名詞」です。張り切ってまいりましょう！

この**勉**強法で**英**語力**ア**ップ

### 「音読」が発信力アップの鍵！

　英語は国語や社会のような座学ではなく、体育と同じ実技科目ですので、学んだことを使わなければ身につきません。その中で最も手軽に始められる方法は「音読」で、学習した単語や例文を口に出して発音してみることが重要です。こうすることでいざ使う時に英語が自然に出てきやすくなり、さらにCDと一緒に学習することで正しい発音もマスターでき、リスニングのレベルアップにもつながります。具体的に言うと、例えば"catch a cold"「風邪を引く」という表現を覚えるとします。一度発音するだけでは定着しませんので、最低10回、そして覚えたら実際に文章として例文単位で声に出す訓練をしましょう。ですので、ただ単語帳や参考書を眺めるだけでなく、声に出す習慣を身に付けて学習効果を高めていきましょう！

# 07 名詞の「可算」「不可算」を徹底マスター！

英語の「可算名詞」と「不可算名詞」の区別は日本語にない概念なので、多くの学習者がつまずくポイントです。まずは基本的な2つの違いを押さえておきましょう。

「可算名詞」：数えることができる名詞
[例] car / country / student / book / building など

「不可算名詞」：数えることができない名詞
[例] water / air / anger / behavior など

ここでは準2級受験者が必ず押させえておくべき「可算名詞」と「不可算名詞」の区別について、問題を解きながらチェックしていきましょう。

日本語に合うように [　] から適切な語句を選んでください。まずは前半の5問です。さっそくまいりましょう！

## 「可算名詞」と「不可算名詞」をチェック！ 基本編

**(1)** 多くの情報を集める
collect a lot of [information / informations]

**(2)** インターネットでニュースを読む
read [news / a news] on the Internet

**(3)** 先生からアドバイスをもらう
receive [advice / an advice] from teachers

**(4)** 仕事を探す
look for [work / works]

**(5)** 知識が豊富である
have a lot of [knowledge / knowledges]

自信を持って全問答えることができましたか？ それでは解答と解説を見てみましょう。

> 答えをチェック

(1) **information**
(2) **news**
(3) **advice**

この３つの「情報系」の単語は a/an が付いたり、複数形になることはないので使い方に注意しましょう。「多くの〜」と表現する場合は many ではなく a lot of や much を使いましょう。ちなみに１つ、２つと数える場合は a piece of を用いて次のように表します。

- get three pieces of advice from him　彼から３つ助言をもらう

(4) **work**

work は「仕事」の意味では不可算名詞なので複数形にすることができませんが、可算名詞の場合は「芸術作品」の意味で用いられます。

- Beethoven's piano works　ベートーベンのピアノ作品

(5) **knowledge**

knowledge は数えることができませんので複数になることはありません。よくあるミスとして「多くの知識を身につける」は ✗ [learn] a lot of knowledge about 〜 ではなく、gain [acquire] a lot of knowledge about 〜や learn a lot about 〜のようになるので注意しましょう。

いかがですか？ 見慣れている単語でも、いざライティングで使うとなると迷ってしまうことがあるのがおわかりいただけたのではないでしょうか？ それでは後半の重要名詞５問です。はりきってまいりましょう！

## 「可算名詞」と「不可算名詞」をチェック！ 標準編

(6) 態度を変える
　　change one's [behavior / behaviors]

(7) 生ごみを処理する
　　dispose of* [garbage / garbages]　　＊ dispose of 〜　〜を処理する

(8) 健康に被害を与える
　　cause [damage / a damage] to health

(9) 進歩する
　　make [progress / a progress]

**(10)** 助けを求める

ask for [help / a help]

> 答えをチェック

**(6) behavior**

**(7) garbage**

**(8) damage**
「損害」の意味の damage は不可算名詞で、同様に harm も不可算名詞扱いです。

**(9) progress**
ただし同義語の advance は make an advance (in ...)「…において進歩する」のように可算名詞として用います。

**(10) help**
同様に類義語の support も不可算名詞として用います。

お疲れ様でした。これで名詞のトレーニングは終了です。名詞を使う場合は「可算名詞」か「不可算名詞」、必ずチェックするように心がけましょう！

## ここにも注目 ▶ 定冠詞 the のつけ忘れに注意！

必ず定冠詞 the が付く名詞があります。次の名詞は常に the が付くのでしっかりと確認しておきましょう！

**the** environment「環境」　　**the** weather「天気」
**the** economy「経済」　　　**the** sky「空」
**the** countryside / the city「田舎」／「都会」
(the は対比させる際に用いられる)

また、the same +名詞 の the も非常に抜けやすいので、常にセットで覚えておきましょう！

# 08 形容詞・副詞の使い方のミスを徹底チェック!

この章ではライティングで頻出の形容詞と副詞のミスを中心に取り上げ、問題を通して正しい用法を学んでいきます。

それではさっそく問題にチャレンジしてみましょう。日本語に合うように [　] から適切な語句を選んでください。

## 形容詞・副詞の用法をチェック!

(1) 今日では簡単にインターネットで多くの情報を得ることができる

Today, [we are possible / it is possible for us] to get a lot of useful information on the Internet.

(2) 多くの若者は海外で働きたがらないようです。

Many young people seem to be reluctant* to work [abroad / in abroad].

*be reluctant to do　doする気にならない

(3) 世界の人口は増加すると予想されているので、食べ物を育てる土地がさらに必要になります。

The world's population is expected to increase, [so / therefore] we will need more land to grow food.

(4) 完璧に3か国以上の外国語を話せる日本人はほとんどいません。

[A few / Few] Japanese people can speak more than two foreign languages perfectly.

### 答えをチェック

**(1) it is possible for us**

「人」を主語にしないように要注意!
日本語に引きずられて間違ってしまうことが多いのですが、通常は It is 形容詞 for 人 to do の形で表すようにしましょう。

**(2) abroad**

abroad は「外国で」「外国に」という意味の副詞! 前置詞は不要です。study abroad「留学する」や live abroad「海外に住む」など英検でも頻出の単語なの

で、要注意です。（ただし「海外から」という場合のみ from abroad となります）

## (3) so

therefore を接続詞と勘違いしている人が多いですが、therefore は副詞なので文はつなげません！ 文は、接続詞の so を用いてつなげましょう。

## (4) Few

few は「ほとんど〜ない」という意味の否定語！ a few は「わずかにいる、ある」という意味なので混同しないように注意しましょう。修飾する語は可算名詞という点も要注意です。不可算名詞を修飾する場合は little を使います。

[例] show **little** interest in ... …にほとんど関心を示さない
[例] show **a little** interest in ... …にわずかに興味を示す

全問正解できましたか？ 次は少しレベルを上げて誤文訂正問題に挑戦してみましょう。どの個所がどのように間違っているか、どのように変えると正しい文になるかを考えてみましょう。

## 難問！ ▶ 誤文訂正問題にチャレンジ！

**(5)** 最近は、昔よりも仕事を持つ女性が多くなった。
Recently, there are more women who have jobs than in the past.

**(6)** 日本のアニメは世界中で人気があります。
Japanese animation is popular very much all over the world.

**(7)** ネットショッピングはここ数年で普及しましたが、いくつかの問題も引き起こすこともあります。
Online shopping has become common in recent years, however, it can cause some problems.

**(8)** 今日では家にいて子供の世話をする父親が多くいます。
Today, fathers who stay at home and take care of their children are many.

いかがでしょうか？ 少し難しかった思うので次のヒントを参考にもう一度チャレンジしてみましょう。示された部分が誤っているのでその理由とどう直せばよいかを再度考えてみましょう！

▶ ここに再注目

(5) Recently

(6) very much

(7) however

(8) many

理由と改善方法はわかりましたか？ 少しチャレンジングでしたが、どれにもライティングで犯しやすい形容詞、副詞の語法ミスが含まれています。それではさっそく答えをチェックしてみましょう。

### 答えをチェック

(5) **[Today / Nowadays / These days]**, there are more women who have jobs than in the past.

　　ここがポイント！　　recently は現在形と一緒に使えない！

recently は「現在完了（進行）形」や「過去形」と共に用いるので、使う際は時制をしっかりとチェックするようにしましょう！

(6) Japanese animation is **[very / really]** popular all over the world.

　　ここがポイント！　　形容詞、副詞の前に very をつけること！

very much は通常動詞を強める働きをしますが（＝ really）、一部の例外を除いて形容詞や副詞の後に very much をつけることはできません。

(7) Online shopping has become common in recent years **but** it can cause some problems.

　　ここがポイント！　　however は「副詞」なので文と文をつなぐことは不可！

(4)で紹介した therefore 同様に however は文を接続することはできません。よって解答例のように but に変えてつなぐか、次のように文を切ってから、文頭で使うようにしましょう。

Online shopping has become common in recent years. **However**, it can cause some problems.

(8) Today, many fathers stay at home and take care of their children.

> **ここがポイント！** many は叙述用法（補語として使う用法）の使用は増えてきたが、この場合は不自然。

the reasons are many といった many の叙述用法は使う人が増えてきましたが、この関係代名詞を含んだ長い主語では不自然です。

## 「反復学習＋継続」が基礎・基本！  この勉強法で英語力アップ

　今日様々な英語の勉強法が紹介されていますが、「短期間で英語力がつくような裏技」はありません（そのような方法があれば日本人の英語学習者が皆英語のプロです）。ですので、「〜か月で英語がペラペラ」や「〜日で英語マスター」などという言葉に惑わされないようにしましょう。記憶力や定着のスピードには個人差がありますが、1級合格者も短期間で英語力をアップしたのではなく、日々反復し、長い間学習を継続しています。特にライティングは他の3技能（スピーキング、リーディング、リスニング）よりも身につけるのが難しいですが、その分力をつけていけばそれが長所に変わります。ですので、単語や例文を覚えられない人は「繰り返す頻度を増やす」、そしてたとえすぐに効果が表れなくても「継続」することが大切です。努力は嘘をつきません。いつか必ず成果が出るので、自分のペースでコツコツ積み重ねて英語力を高めていきましょう！

# 09 使い方要注意 形容詞・副詞のミス Top 3

**間違いランキング 1位**

## most と almost を混同してしまう
### most は形容詞、almost は副詞！

most は形容詞なので名詞を修飾できますが、almost は副詞なので名詞を修飾することはできず、形容詞か動詞を修飾します。次の例題でその違いを確認しておきましょう！ 正しい方を選んでください。

**(1)** Nowadays, [almost / almost all] high school students have a smart phone.
今日ではほぼすべての高校生がスマートフォンを持っています。

正解は almost all です。almost の覚え方は「ほとんど」ではなく「何かの一歩手前、完了前」と覚えておきましょう！

**(2)** Almost everyone has some musical talent.
ほぼすべての人が何かしらの音楽の才能を持っている。

everyone まではいかないがその「一歩手前」という意味。

また、most の使い方も要注意で、「most 複数名詞」とするか、「most of [the / one's] 複数名詞」のように使います。

○ most students / most of the students （of がつくと the が必要）
× most of students

**間違いランキング 2位**

## a number of と the number of を区別できない
### 「多くの」と「〜の数」で意味が全く異なるので要注意！

a number of ... は = many「多くの」を意味します。

- **A number of** college students work part-time to pay their rent.*
  多くの大学生は家賃を払うためにアルバイトをします。　　＊ pay their rent　家賃を払う

〜には可算名詞が来ることから、複数扱いとなります。

次に the number of ... は「…の数」を意味し、…には可算名詞が来ます。ただし単数扱いになるので動詞の形に要注意です！

- **The number of** women who marry late has increased over the last ten years.
  晩婚の女性の数は過去10年で増加しました。

間違いランキング **3位**

# hard と hardly を混同してしまう
hardly は「ほとんどない」という否定語！

hard は形容詞で「大変な」、副詞で「熱心に」という意味ですが、hardly にはそのような意味はないので注意が必要です。次の例文でその違いを確認しておきましょう！

- Hardly anyone uses pay phones these days.
  最近では公衆電話を使う人はほとんどいない。

- The sales person is working hard to get a promotion*
  そのセールスマンは昇進するために一生懸命頑張っている。　　＊ get a promotion　昇進する

お疲れ様でした。これで重要な形容詞、副詞表現のトレーニングは終わりです。

## Mt. Fuji is the highest. って間違い!?　ちょっとブレイク

　Mt. Fuji is the highest. 「富士山は最も高い山だ」は正確な英語でしょうか？ 実はこの文には問題点が2つありますが、わかりますか？
　1点目は「比較対象がない」こと、2点目は「名詞が抜けている」ことの2点です。
　まず「比較対象がない」点については、最上級も比較級と同様に「複数のものを比べたうえでの1番」という意味なので、どの範囲で1番かを明確にしないといけません。よってまずは Mt. Fuji is the highest in Japan. と in Japan「日本において」を入れて範囲を明確にしましょう。
　次に最上級の the は最上級に付く the ではなく、後ろに続く名詞に付くものなので省略されている場合を除いて名詞が必要です。よって、Mt. Fuji は山であることから、Mt. Fuji is the highest mountain in Japan. とすると正確な文になります。

049

# 10 ライティングで要注意 通じないカタカナ英語をチェック！

カタカナ（外来語）をそのまま英語に訳しても通じないか、あるいは異なった意味で認識される可能性があります。とくにライティングで用いる可能性がある以下のミスが多い語はチェックしておきましょう！

▶ チャレンジする
**~~challenge~~ ❌ → try**
「新しいことにチャレンジする」は
❌ challenge new things ではなく
⭕ try new things と言います。
challenge は動詞で用いると「異議を唱える」という意味になります。

▶ アルバイトをする
**~~do albeit~~ ❌ → do a part-time job / work part-time**
アルバイトはドイツ語の albeit から派生した言葉で、このスペルは英語では全く別の意味になってしまいますので注意しましょう。「アルバイト従業員は」英語では a part-time worker と言います。

▶ ペットボトル
**~~pet bottle~~ ❌ → plastic bottle**
「ペットボトル」は和製英語なので通じません。同じくスーパーなどでもらうビニール袋は vinyl bag ではなく、plastic bag と言います。

▶ イメージアップ
**~~image up~~ ❌ → improve one's [image / reputation]**
これも和製英語です。反対の意味を表す「イメージダウン」は damage one's reputation となります。

▶ サラリーマン
**~~salary man~~ ❌ → office worker / business person**
「サラリーマン」も和製英語です。

# 11　絶対犯してはいけない その他の文法・語法のミス Top 10

それでは、最後にこれまでに紹介した項目以外で、非常にミスが多い文法と語法のミスのトップ10を確認しておきましょう。ここでは準2級に限らず、2級〜1級受験者にも見られる非常に頻度の高いミスを紹介します。それではラストスパートです。最後まで頑張りましょう！

その他の間違いランキング

## Because S V. のみで終わってしまう

because は従属節をつくる接続詞なので基本的に Because S + V のみを単独で使うのは不可です（ただし口語はOK）。S + V because S' V'. としなければいけません。S V. Because S' V'. のように書いてしまうミスが極めて多いので最大の注意を払いましょう。次の例でその正誤を確認しておきましょう。

- ✗ Hybrid cars have become very popular. Because they are eco-friendly.
- ○ Hybrid cars have become very popular **because** they are eco-friendly.
  ハイブリッドカーは環境に優しいので、とても人気が出てきました

その他の間違いランキング

## 現在完了で表す文が過去形になっている

これは日本語につられて、現在完了形にすべき箇所を過去形で書いてしまうミスです。例えば「テクノロジーによって我々の生活ははるかに便利になった」という日本語の時制を考えてみましょう。以下のように過去形で書くと誤りです。

- ✗ Technology **made** our lives much more convenient than in the past.

過去形は過去の事実や出来事を述べているだけで、現在は関係ありません。**過去に起こった出来事が現在も続いている場合は現在完了形**を使って書くようにしましょう。

⭕ Technology **has made** our lives much more convenient than in the past.

## その他の間違いランキング 3位

## 比較の対象が異なっている

　比較級を使う際は「同じカテゴリーで比べる」ことが大前提です。よくあるミスとして以下のようなミスが多く見られます。例えば「日本の平均寿命はブラジルよりも高い」という日本語を訳した場合、

❌ The average life expectancy* in Japan is higher than in Brazil.

とすると、「日本の平均寿命」と「ブラジル」を比較していることになり不正確な文となります。正しくは

⭕ The average life expectancy in Japan is higher than that in Brazil.

のように同じカテゴリーで比べるようにします。ここでの that は the life expectancy を指し、繰り返しを避けるための代名詞です。ですので比較級を使う際は必ず同じカテゴリーのものを比べるようにしましょう。

＊ the average life expectancy　平均寿命

## その他の間違いランキング 4位

## despite / in spite of を接続詞として用いる

　despite / in spite of ...「…にもかかわらず」は前置詞として用いるので、S V を従えることはできません。以下の文は誤りです。

❌ [In spite of / Despite] early English education has become popular all over the world, S V.

　これらは名詞を従えることしかできないので、S V を用いる場合は接続詞の although を用います。

⭕ **Although** early English education has become popular all over the world, S V.
　早期英語教育は世界中で大きなブームなっているにもかかわらず、S V。

## その他の間違いランキング 5位

## [ because of / due to を接続詞として用いる ]

　これも 4 位の despite / in spite of ... と同様に非常に多いミスで、because of / due to ...（…が原因で）も前置詞として用いることから、S V を従えることはできません。以下の文は誤りです。

❌ [Because of / Due to] many children have unhealthy eating habits*, they suffer from various diseases at an early age.
　　　　　　　　　　　　　　　＊ unhealthy eating habit 不健康な食生活

　よって、S V を従えたい場合は、because や since を用いて（少しニュアンスが異なりますが準 2 級のライティングでは問題ありません）書くようにしましょう。

⭕ [Because / Since] many children have unhealthy eating habits, many children suffer from various diseases at an early age.
　子供の多くは不健康な食事を摂っていることから、彼らは早い時期から様々な病気にかかってしまいます。

　いかがでしたか？ 1 位から 5 位までは高等学校で学習する文法・語法の最重要項目に含まれているので、完全にマスターしてライティングに取り組むことが大切です。それではあと一息、6 位〜 10 位にまいりましょう！

## その他の間違いランキング

## [ one of the に続く（最上級）複数名詞が単数名詞になっている ]

　「（最も）〜な中の一つ」を意味する「one of the（最上級）複数名詞」の用法で、複数形に書くべき最後の部分を単数にしてしまうミスが非常に多く見られます。「〜の一つ」という表現を使う際には必ず、最後が「複数形」になっているか確認しましょう！

[例] Smoking is one of the biggest causes of cancer in many countries.
　喫煙は多くの国でがんを発症させる最も重大な原因の一つです。

その他の間違いランキング **7位**

## 状態動詞を進行形にしてしまっている

「…している」という日本語につられて、状態動詞（like、want、resemble）などを進行形にしてしまうミスが多発しています。とくに belong、know、have でミスが目立ちます。

- [ O belong / × belonging] to a sports team
  スポーツチームに所属している
- [ O know / × knowing] a lot about Hollywood movies
  ハリウッド映画についてよく知っている
- [ O have / × having] work experience
  働いた経験がある

ただし have が「〜を食べる」という場合は進行形にすることが可能です。

その他の間違いランキング **8位**

## until と by の使い方を混同している

日本語に訳すと「〜まで」という意味で同じですが、**until** は「**継続**」、**by** は「**期限、締め切り**」を表します。次の例文でその違いをチェックしておきましょう！

[例] work hard **until** the problem has been solved
　　その問題が解決するまでがんばる。→「継続」

[例] hand in homework **by** tomorrow
　　明日までに宿題を提出する →「期限、締め切り」

その他の間違いランキング **9位**

## have difficulty doing の doing が to do になっている

「do することに苦労する」を意味する have difficulty (in) doing の doing が to do になっているミスがよく見られるので、動名詞になっているか常に確認しましょう。また、同意表現の have [trouble / a hard time] doing も to do にならないように注意しましょう。

その他の間違いランキング **10位**

## 文が And や But で始まっている

　and や but は接続詞なので、文頭で使うことは控えるようにしましょう。なかには文頭で用いている文もありますが、エッセイ・ライティングでは「原則不可」ということを覚えておきましょう。

　お疲れ様でした！ 以上で、準2級ライティングにおける重要な文法・語法のトレーニングは終了です。とくに後半は準2級レベルでは少しハードルが高いものもありましたが、皆さんがさらに2級、準1級とステップアップしていく上でぜひ身につけていただきたいポイントを厳選して紹介しています。慣れるまでは、一つひとつ本書に戻って確認しながらでもいいので、正しく運用できるように少しずつ頑張っていきましょう:)

### water が数えられる !?

　water はご存知の通り数えることができないので不可算名詞ですが、two waters のように表現することがあります。それは「コップなどの容器に入っている場合」です。例えば「一杯の水」は正式には a glass of water と言いますが、レストランなどのカジュアルな状況では a glass of を付けずに water を複数形にします。water に限らず、容器に入っている液体を表す名詞（coffee / beer / soup など）は数えられるコップや器に入れて飲むことが前提なので可算名詞として扱われる場合があります。

　［例］　Could I have two cheese burgers and two cokes?
　　　　　チーズバーガーを2つとコーラを2ついただけますか？

　ただし、ライティングで使う場合は a glass of ... / a cup of ... を用いて書くようにしましょう。

055

# Chapter 3

分野別
ライティング力UP
トレーニング

# UNIT 1

## 教育分野

### 01　「教育分野」の最重要トピックはこれだ！

　「教育」問題は全分野の中でも最も出題頻度が高い分野で、英検準2級が中高生を対象としている点からも、この分野は特に重要と言えます。外国語教育、学校でのPCやタブレットコンピュータの使用、部活や課外活動など出題が予測されるトピックについての知識を広め、英語で自分の意見を書けるようにしましょう。

　**「教育」分野**では、「制服の是非」、「PCやタブレットコンピュータのクラスへの導入の是非」、「一人で勉強 vs 友達と勉強」、「早期英語教育の是非」などが最も狙われるテーマです。

　その他、「部活動への参加の是非」や「学生の時間の使い方」に関する問題も非常に重要なトピックです。例えば、「放課後は塾に行くべきか？」「生徒が漫画を読むことの是非」「学生はもっとボランティア活動に時間を費やすべきか？」などを押さえておきましょう。さらに「日本への留学生が増えるか」「海外への留学生が増えるか」など国際交流についての出題も考えられます。このような点について日頃から自分の意見をまとめて英語で論理的に発信できるように準備をしておきましょう。

# 02 Pro / Con 問題にチャレンジ！

　ここからはエッセイを書くときのカギとなる英語の「論理性」を鍛えるために、まず、ボディ作成の基本となるキーアイディアについて、それが **Pro（賛成意見）** なのか **Con（反対意見）** なのかを見極める問題に挑戦していただきましょう。各問題には1～4の選択肢が提示されているので、それぞれ Pro と Con、どちらの意見か選んでください。それでは、さっそく見て行きましょう。

### 問題 1

次の設問について以下の各文が Pro の主張か Con の主張か選びましょう。

> Do you think reading comic books is good for children?

1. Reading comic books doesn't develop reading ability.
　[ Pro / Con ]
2. Reading comic books doesn't develop children's character.
　[ Pro / Con ]
3. Reading comic books is educational. 　[ Pro / Con ]
4. Reading comic books is inspiring. 　[ Pro / Con ]

**解答と訳**

[子供にとってマンガを読むことはよいことだと思いますか？]

***1.* Con** マンガを読むことで読解力はつきません。

> ここがポイント！　絵や短い文では読む力はつきません。

***2.* Con** マンガを読むことで子供の人格は発達しません。

> ここがポイント！　単純な物語の展開（勧善懲悪）で考える力は伸ばせません。

***3.* Pro** マンガを読むことは教育的です。

> ここがポイント！　スポーツ界や伝説のヒーローものが多く学ぶことが多いです。

***4.* Pro** マンガを読むと意欲が高まります。

> ここがポイント！　ストーリーに引き込まれて日頃のストレスを忘れることができます。

**表現力をUPしよう！**

- □ **develop reading ability** 読解力を伸ばす
- □ **develop children's character** 人格を発達させる　□ **educational** 教育的な
- □ **inspiring** 意欲が出る

いかがでしたか？ ではこれらの賛成（Pro）、反対（Con）のキーアイディアを使ったサンプルエッセイを見てみましょう。

## モデル・エッセイ

### → 賛成の意見

I think reading comic books is good for children for two reasons. First, reading comic books is inspiring. They give children excitement and encourage them to try something new and achieve something great. Second, reading comic books is educational. It makes it easier for many children to study academic subjects such as Japanese history and classical Japanese literature. For these two reasons, I think reading comic books is good for children.

**表現力をUPしよう！**

- encourage ~ to ... ~を…する気にさせる
- inspiring 元気づけてくれる、感動的な
- educational 教育的な
- make it easier for ~ to ... ~が…するのをより簡単にする
- classical Japanese literature 日本の古典文学

[訳] 2つの理由からマンガを読むことは子供たちにとってよいことだと思います。第1に、マンガを読むと元気づけられます。マンガは子供たちをワクワクさせ、新しいことにチャレンジしたり偉大なことを成し遂げる気にさせてくれます。第2に、教育的という点です。日本史や古典などの科目を勉強するのがより簡単になります。これらの2つの理由から、マンガを読むことは子供たちにとってよいことだと思います。

### → 反対の意見

I don't think reading comic books is good for children for two reasons. First reading comic books doesn't develop children's character. Violent scenes in comic books have a bad influence on children's character. Second, reading comic books doesn't develop children's reading ability. Most comics are full of illustrations and bad words. For these two reasons, I don't think reading comic books is good for children.

**表現力をUPしよう！**

- develop student's character 生徒の人格を伸ばす
- violent scenes 暴力シーン
- have a bad influence on ... …に悪い影響がある
- be full of illustrations and bad words 絵と汚い言葉でいっぱいである

[訳] 2つの理由からマンガを読むことはよいことだと思いません。1つ目は、マンガを読むことで子供の人格を伸ばせません。マンガの暴力シーンは子供の人格に悪い影響を与えます。2つ目は、マンガを読むことで、子供の読解力を伸ばすことはできません。マンガはほとんど絵と汚い言葉でいっぱいです。これらの2つの理由からマンガを読むことはよいことだとは思いません。

いかがでしたか？ では、もう2問教育分野の問題に取り組んでみましょう。

問題 2

次の設問について以下の各文が Pro の主張か Con の主張か選びましょう。

## Do you think students will use computers more in the classroom?

1. Using computers in class can make lessons more educational for students. [ Pro / Con ]
2. There aren't enough technical support staff. [ Pro / Con ]
3. There aren't enough computers for every student in class. [ Pro / Con ]
4. Teachers want their students to develop their computing skills for their future. [ Pro / Con ]

### 解答と訳

[学生が授業でもっとコンピュータを使うようになると思いますか？]

**1. Pro** 授業でコンピュータを使うことで、授業が学生にとってより一層教育的になります。

> ここがポイント！　コンピュータを使って生徒たちはリサーチをしたりできるからです。

**2. Con** 十分な技術支援スタッフがいません。

> ここがポイント！　コンピュータを使って教えるにはコンピュータの専門的な知識が必要です。

**3. Con** クラスの全員に配るだけのコンピュータがありません。

> ここがポイント！　コンピュータをクラス全員分用意するにはお金がかかります。

**4. Pro** 先生たちは、生徒の将来のためにコンピュータ・スキルを伸ばしてあげたいと思っています。

> ここがポイント！　コンピュータ・スキルが身についていれば、仕事を得るのに大変有利だからです。

#### 表現力をUPしよう！

- make lessons more educational 授業の教育効果がより高まる
- technical support staff 技術サポートスタッフ
- computing skills コンピュータを使う技術

いかがでしたか？ ではこれらの賛成（Pro）・反対（Con）のキーアイディアを使ったサンプルエッセイを見てみましょう。

## モデル・エッセイ

### → 賛成の意見

I think students will use computers more in class for two reasons. First, more and more teachers are trying to make the class more educational and entertaining by having students use computers. Second, teachers want their students to use computers more in class for their future. Studies show that 80% of teachers support the use of computers in class to develop their students' computer skills for their future career. For these reasons, students will use computers more in class.

**表現力をUPしよう！**

- entertaining 面白い
- support …に賛成する

[訳] 2つの理由から学生がもっと授業でコンピュータを使うと考えます。第1に、生徒にコンピュータを使わせることで、クラスをより教育的で面白いものにしようとしている先生がますます増えています。第2に、教師は将来のために、生徒に授業でもっとコンピュータに触れてほしいのです。ある調査によると、教師の80%が将来のキャリアのために、コンピュータスキルを高めるためコンピュータを授業で使うことに賛成しています。これらの理由から、学生が授業でもっとコンピュータを使うようになると考えます。

いかがでしたか。このトピックに関しては、賛成の意見のほうが圧倒的に強いアーギュメントになりますので、反対意見は割愛します。

さて、次は少し難しいですが、気合いを入れ直していきましょう。

# 03 サポートマッチング問題にチャレンジ！

**問題 2**

次の設問に関してキーアイディアとサポートのマッチングにトライしてみましょう。適切な組み合わせになるように、1〜4のキーアイディアに続くサポート文をア〜エから1つずつ選んでください。

> Do you think that school uniforms are necessary?

1. School uniforms save money for parents. [　]
2. School uniforms save time to choose what to wear to school. [　]
3. School uniforms do not develop students' individuality and creativity. [　]
4. School uniforms tend to become unclean. [　]

ア　They don't have to buy many clothes for children.
イ　They make students look like others.
ウ　They can't be washed at home.
エ　Students can spend more time on something productive.

**解答と訳**

[学校の制服は必要だと思いますか？ ]

**1.** 制服は親のお金の節約になります。　　　　　　　　　　　　　Pro
正解　ア　子供のためにたくさん服を買うが必要ありません。

**2.** 制服は、学校へ着て行く服を選ぶ時間を節約してくれます。　　　Pro
正解　エ　生徒は生産的なことにより多くの時間が使えます。

**3.** 制服は生徒の個性や創造性を伸ばしません。　　　　　　　　　　Con
正解　イ　みんなほかの人と同じように見えます。
　　　　　▶ 個性的な服を選んで着ていけないからです。

**4.** 制服は不清潔になりやすいです。　　　　　　　　　　　　　　　Con
正解　ウ　制服は家では洗えません。
　　　　　▶ そうたびたびクリーニングに出せません。

**表現力をUPしよう！**

- save parents' money 親のお金を節約する　□ productive 生産的な
- choose what to wear to school 学校へ何を着ていくか選ぶ
- individuality and creativity 個性や創造性　□ tend to … …する傾向にある

　いかがでしたか。次はメディア・サイエンス＆テクノロジー分野です。はりきってまいりましょう。

# UNIT 2
# メディア・サイエンス&テクノロジー分野

## 01 「メディア・サイエンス&テクノロジー分野」の最重要トピックはこれだ！

「メディア」問題は、テレビや新聞、携帯電話、に関する問題のことで、それらの子供に与える影響を問う問題が重要です。「サイエンス&テクノロジー」分野では、科学技術が社会にもたらす影響、例えばロボットやAI(人工知能)、電気自動車、またインターネット関連で、オンラインゲーム、オンラインショッピングなどの是非が頻出テーマです。

**「メディア」分野**では、「学生はもっと新聞を読むべきか」とか「テレビのニュースを見るより新聞のニュースを読むほうが有益か」「テレビ広告の社会に与える影響」など、テレビと新聞にまつわる問題が最重要です。

**「サイエンス&テクノロジー」分野**では、まずインターネットやスマートホン関連が最重要で、「オンラインゲームの是非」「子供のスマホ使用制限の是非」などは準備をしておきましょう。これらの機器は生活を快適にしますが、使い方を間違うと学生の生活や教育に悪い影響を及ぼすことから、「ライフ」や「教育」と重なるテーマで、出題される可能性が高いです。また、「電子辞書や電子ブックの使用がますます増えるか」も重要トピックです。その他、「AIやロボット」も今後出題される可能性が高く、例えば「ロボット犬をペットとして飼う人が増えるか」などについても自分の考えをまとめておきましょう。

# 02 Pro / Con 問題にチャレンジ！

### 問題 3

次の設問について以下の各文が Pro の主張か Con の主張か選びましょう。

> Do you think playing computer games is good for children?

1. Playing computer games teaches players to react quickly to unexpected situations. [ Pro / Con ]
2. Playing computer games often makes players violent. [ Pro / Con ]
3. Playing computer games decreases children's valuable time to study. [ Pro / Con ]
4. Playing computer games improves children's concentration. [ Pro / Con ]

> 解答と訳

[コンピュータゲームをすることは子供にとってよいことだと思いますか？]

**1. Pro** コンピュータゲームは予期しない場面にすばやく反応できるようにします。

> ここがポイント！ コンピュータゲームのすばやい動きついていくために、すばやく対応する能力が伸びます。

**2. Con** コンピュータゲームはしばしばプレーヤーを暴力的にすることがあります。

> ここがポイント！ 子供が暴力シーンの多いゲームをし続けると暴力的になることがよくあります。

**3. Con** コンピュータゲームは子供の大切な勉強時間を減らします。

> ここがポイント！ 勉強時間が減り学力が落ちます。

**4. Pro** コンピュータゲームは子供の集中力を高めます。

> ここがポイント！ ゲーム中はいろいろな課題に油断なく集中して取り組む必要があります。

> 表現力をUPしよう！
> 
> □ react quickly すばやく反応する　□ unexpected situation 予期しない場面
> □ violent 暴力的な　□ decrease valuable time to ... …する大切な時間を減らす
> □ improve one's concentration ～の集中力を高める

いかがでしたか？ ではこれらの賛成 (Pro) や反対 (Con) のキーアイディアを使ったサンプルエッセイを見てみましょう。

## モデル・エッセイ

### → 賛成の意見

I think playing computer games is good for children for two reasons. First, playing computer games teaches players to react more quickly to unexpected situations. This will help them develop their problem solving ability. Second, playing computer games improves players' concentration. This will help players focus on various tasks. For these two reasons, I think playing games is good for children.

表現力をUPしよう！

☐ **problem-solving ability** 問題解決能力　☐ **focus on ~** ~に集中する

[訳] 次の2つの理由でゲームをするのは子供たちにとってよいことだと思います。第1に、ゲームをするとプレーヤーは予期せぬ場面によりすばやく反応するようになります。これが問題解決能力を伸ばすのに役立ちます。第2に、ゲームをすると集中力が高まります。これによってさまざまな課題に集中することができます。これらの2つの点から、ゲームをすることは子供たちにとってよいことだと思います。

### → 反対の意見

I don't think playing computer games is good for children for the following two reasons. First, playing computer games decreases children's valuable time to study. This will lead to poor academic performance. Second, playing computer games often makes players violent. Studies show that violent games have a bad influence on children. For these two reasons, I don't think playing computer games is good for children.

表現力をUPしよう！

☐ **lead to ...** …につながる　☐ **poor academic performance** 学力不振
☐ **studies show that** 研究によると…
☐ **have a bad influence on ...** …に悪影響をおよぼす

[訳] 次の2つの理由から、ゲームをすることはよいことだとは考えません。第1に、ゲームをすると勉強するための大切な時間が減ります。そのことが学力不振につながります。第2に、ゲームをするとプレーヤーはしばしば暴力的になります。研究によると暴力的なゲームは生徒に悪影響を及ぼします。これら2つの理由から、ゲームをすることはよいことだと思いません。

いかがでしたか。次はキーアイディアに続くサポートを考えるマッチング問題に挑戦していただきましょう。

# 03 サポートマッチング問題にチャレンジ！

### 問題 4

次の設問に関してキーアイディアとサポートのマッチングにトライしてみましょう。適切な組み合わせになるように1〜4のキーアイディアに続くサポート文を、ア〜エから1つずつ選んでください。

> Do you think advertisement on TV has a bad influence on people?

1. TV ads sometimes give people wrong ideas about products.  [   ]
2. TV ads sometimes cause people to buy unnecessary goods.  [   ]
3. TV ads increase the sales of various products and make the economy stronger.  [   ]
4. TV ads give people information about products.  [   ]

ア People can learn about useful products they need through TV commercials.
イ Food ads often stimulate viewers' appetite and make them buy more food than necessary.
ウ TV commercials use famous musicians and movie stars to increase their sales.
エ Most TV ads make various products look much better than they really are.

**解答と訳**

[テレビの広告は人々に悪い影響を与えると思いますか？]

**1.** テレビCMは、時に人びとに商品の間違ったイメージを与えます。 `Pro`

正解 **エ** ほとんどのテレビ広告は、様々な商品を本来のものよりずっとよく見せます。

**2.** テレビCMによって、視聴者は時に不必要なものを買わされます。 `Pro`

正解 **イ** 食べ物の宣伝はしばしば視聴者の食欲を刺激して、必要以上の食べ物を買わせます。
　▶ 特に子供たちは、ジュースやスナックを余分に買います。

**3.** テレビCMは様々な商品の販売を増やし経済を強くします。 `Con`

正解 **ウ** テレビCMは売り上げを増やすために有名なミュージシャンや映画俳優を起用します。

**4.** テレビのCMは人々に商品に関する情報を提供します。 `Con`

正解 **ア** 人々はテレビCMを通して必要とする有益な商品について知ることができます。

**表現力をUPしよう！**

- give people the wrong idea about … 人々に…に関して間違ったイメージを与える
- cause people to … 人々が…する原因となる
- unnecessary goods 不必要な品物　□ a variety of … いろいろな…
- increase the sales 売上を増やす
- stimulate viewers' appetite 視聴者の食欲を刺激する
- look much better than they really are 実際のものよりもずっとよく見える

いかがでしたか。キーアイディアのあとに適切なサポート文をあわせられるようになりましたか。

次は頻出のライフ・文化・レジャー・環境の分野です。はりきってまいりましょう。

# UNIT 3

## ライフ・文化・レジャー・環境分野

### 01 「ライフ・文化・レジャー・環境分野」の最重要トピックはこれだ！

　「ライフ」の分野は「生活」に関することで、準2級では最も出題数が多く、子供の生活環境から子育てやペットの問題、食生活、禁煙まで多岐にわたる「生活」の出題が予想されます。「文化」の分野では、図書館や博物館、映画館などが扱われ、「レジャー」の分野では海外旅行や国内旅行関係などが重要です。「環境」の分野では学生が環境をどのように助けるかなどが扱われています。

　「ライフ」の分野では、「外食が増えるか」「ファーストフードを利用する人が増加するか」など食生活に関するテーマが最重要で、次に、「エコバッグを持って行く人が増えるか」など環境問題がらみの問題や「男女の家事分担」などジェンダー問題も非常に重要です。

　「文化」の分野では「映画館は衰退するか」、「伝統的な祭りは衰退するか」などの予測や、「漫画を読む人口」や「マラソン、ジョギング、運動をする人の人口」の増減を予測させる問題、また「留学者の増加」「日本語学習者の増加」や「海外移住」に関する問題も出題される可能性が高いトピックです。

　「レジャー」の分野では「一人旅かグループ旅か？」「電車か車か？」「外国人観光客はもっと増加するか？」「日本人の海外旅行者は増加するか」などがよく狙われるトピックです。

　「環境」の分野では「学生はもっと環境を助けるべきか？」「買い物にエコバッグを持って行くべきか？」などが狙われる可能性が高いです。日頃から、関心を持って新聞やテレビから環境問題について語彙や知識を集めましょう。

## 02　Pro / Con 問題にチャレンジ！

**問題 1**

次の設問について以下の各文が Pro の主張か Con の主張か選びましょう。

### Do you think more people will eat Japanese food?

1. More and more people are beginning to find Japanese food very healthy. 　　　　　　　　　　　　　　　[ Pro / Con ]
2. More and more young people eat high-calorie Western food. 　　　　　　　　　　　　　　　[ Pro / Con ]
3. More and more foreigners are finding Japanese food tasty. 　　　　　　　　　　　　　　　[ Pro / Con ]
4. A wider variety of ethnic foods has become available in the world. 　　　　　　　　　　　　　　　[ Pro / Con ]

**解答と訳**

[日本食を食べる人が増えると思いますか？]

**1. Pro** 和食がとても健康的だと、より多くの人びとが気づき始めています。

*ここがポイント！* 和食が世界でも有数の健康食であることが認知されてきています。

**2. Con** 高カロリーの洋食を好む若い人がますます増えています。

*ここがポイント！* 若い人は肉など高カロリー食品を好みますが、その傾向が強まっています。

**3. Pro** 和食が美味しいと思う外国人がますます増えています。

*ここがポイント！* 外国人が日本を訪れる目的の一つは食べ物です。

**4. Con** より豊富な種類のエスニック料理が、世界で食べられるようになってきました。

*ここがポイント！* 世界のいたるところで、いろいろな種類のエスニックレストランがみられるようになってきました。

**表現力をUPしよう！**

- high-calorie Western food 高カロリーの洋食
- tasty 美味しい
- a wide variety of ~ 幅広い種類の~
- become available 手に入る

いかがでしたか？ ではこれらの賛成（Pro）と反対（Con）のキーアイディアを使ったサンプルエッセイを見てみましょう。

## モデル・エッセイ

### → 賛成の意見

I think more people will eat Japanese food for two reasons. First, more and more people are beginning to find Japanese food very healthy. Many studies show that Japanese food is low-calorie and nutritious. Second, more and more foreigners have found Japanese food tasty. One of the reasons for their visit to Japan is to eat real tasty Japanese food. For these two reasons, I think more people will eat Japanese food.

> 表現力をUPしよう！

- □ low-calorie and nutritious 低カロリーで栄養のある
- □ real tasty Japanese food 本物の美味しい和食

[訳] 次の２つの理由で和食を食べる人が増加すると思います。第一に、日本食は健康的だとますます多くの人が気づきはじめたことです。日本食はローカロリーで栄養価が高いことを多くの研究が示しています。第二に、和食が美味しいと感じている外国人がますます増えていることです。外国人が日本を訪れる理由の一つは、本当に美味しい和食を食べるためです。これらの２つの理由から、より多くの人が和食を食べるようになると思います。

### → 反対の意見

I don't think more people will eat Japanese food for two reasons. First more and more young people prefer eating high-calorie western food. They like food with a strong taste. Second, a wider variety of ethnic foods has become available in the world. There're many ethnic food restaurants that offer Thai and Mexican dishes. For these two reasons, I don't think more people will eat Japanese food.

> 表現力をUPしよう！

- □ strong taste 濃い味　□ ethnic food エスニック料理
- □ become available 手に入る

[訳] 次の２つの理由から和食を食べる人は増加するとは思いません。第一に、高カロリーの洋食を好む若い人が増えていることです。若い人は味の濃い食べ物が好きです。第二に、世界ではこれまで以上に様々なエスニック料理が食べられるようになっているということです。タイ料理やメキシコ料理を出すエスニック料理店がたくさんあります。これら２つの理由から和食を食べる人は増えないと思います。

いかがでしたか。次は、キーアイディアに続くサポートを考えるマッチング問題に挑戦していただきましょう。

# 03 サポートマッチング問題にチャレンジ！

### 問題 1

次の設問に関してキーアイディアとサポートのマッチングにトライしてみましょう。適切な組み合わせになるように、1～4のキーアイディアに続くサポート文を、ア～エから1つずつサポートを選んでください。

> Do you think all family members should share housework?

1. Most mothers are so busy that they can't do all of the housework by themselves. [　]
2. Sharing the housework makes family tie stronger. [　]
3. Fathers are not good at housekeeping. [　]
4. Fathers are too busy to do housework. [　]

---

ア　They can build close family relationships by working together and helping each other.

イ　Working hours at home and the office for women are longer than those for men.

ウ　Men's weekly working hours at the office are 10 hours longer than those of women.

エ　They grow up without learning how to cook and clean.

> **解答と訳**

[家族は家事をみんなで分担すべきだと思いますか？　　　　　　　　　　　　　　　]

**1.** ほとんどの母親はとても忙しいので家事を一人ですることはできません。　`Pro`

正解　**イ**　家と職場を合わせた女性の労働時間は男性より長いのです。

**2.** 家事を分担すると、家族のきずながより強まります。　`Pro`

正解　**ア**　一緒に働きお互いに助け合うことで緊密な家族関係を作れます。

**3.** 父親たちは家事が得意ではありません。　`Con`

正解　**エ**　彼らは料理や掃除のやり方を学ばずに育ちます。
　　▶手伝いたくても、できないのです。

**4.** 父親たちは家事をするには忙しすぎます。　`Con`

正解　**ウ**　男性の1週間の労働時間は女性よりも10時間長いです。

> **表現力をUPしよう！**

- **do housework** 家事をする
- **weekly working hours** 1週間の労働時間
- **housekeeping** 家事

　いかがでしたか。適切なサポートをキーアイディアと結びつけられましたか。次はペットに関する問題です。はりきっていきましょう。

問題 2

次の設問に関してキーアイディアとサポートのマッチングにトライしてみましょう。適切な組み合わせになるように 1 〜 4 のキーアイディアに続くサポート文を、ア〜エから1つずつ選んでください。

> Do you think more people will have pets?

1. More and more elderly people own a pet to relieve their loneliness. [　]
2. More and more married couples are treating their pets as their children. [　]
3. More and more people have become too busy to take care of their pets. [　]
4. More and more people are finding it very costly to take care of pets. [　]

ア The amount of work that people have to do has been rapidly increasing.
イ Pets give a great comfort to many elderly people living alone.
ウ Most people can't afford to buy expensive pet foods.
エ With declining birthrates, more and more married couples are owning pets.

### 解答と訳

[ペットを飼う人が増えると思いますか？ ]

**1.** より多くのお年寄りが、寂しさを和らげるためにペットを飼おうとしています。 `Pro`

正解 **イ** ペットは一人暮らしの多くのお年寄りにとって大きな慰めになります。

**2.** より多くの夫婦が自分たちの子供のようにペットを扱っています。 `Pro`

正解 **エ** 出生率が減少するなかで、ますます多くの夫婦がペットを飼っています。

**3.** 忙しすぎてペットの世話ができない人が増えています。 `Con`

正解 **ア** やらなければならない仕事の量が急速に増えています。

**4.** ペットを飼うことがとても高くつくことを多くの人がわかりつつあります。 `Con`

正解 **ウ** ほとんどの人は高いペットフードを買う余裕はありません。

▶ 最近は高額なペットのダイエットフードも売っています。

#### 表現力をUPしよう！

- elderly people お年寄り
- relieve one's loneliness 寂しさを和らげる
- married couple 夫婦
- treat ~ as … ~を…のように扱う
- costly 高くつく
- rapidly 急激に
- give a great comfort to … …に慰みになる
- can't afford to buy 買う余裕がない
- declining birthrate 減少する出生率

いかがでしたか。次はいよいよ最後のビジネス分野です。はりきってまいりましょう。

# UNIT 4 ビジネス分野

## 01 「ビジネス分野」の最重要トピックはこれだ！

　　ビジネスの問題は学生にはあまり関係がないと思われがちですが、英検ではよく出題される重要な分野です。働き方やビジネスのあり方が変わり、インターネット、英語の公用語化、工場へのロボット導入など、ビジネスに大きな影響を及ぼすトピックを押さえておきましょう。

「ビジネス」分野では、「24時間営業についての賛否」「100円ショップの増加」「フレックスタイムの導入」や、「ファストフード店やコンビニの増加」「オンラインショッピングの増加」「中古品店の増加」などが最も重要です。日頃から新聞の経済欄を見たり、テレビでビジネスや経済問題の番組を見たりして関心を持ち、これらの問題について自分の意見が言えるようになっておきましょう。さらに、職場へのロボットやAI（人口知能）の導入などの問題にも、英語でしっかり意見が言えるように準備しておきましょう。

# 02 Pro / Con 問題にチャレンジ！

**問題**

次の設問について以下の各文が Pro の主張か Con の主張か選びましょう。

## Do you think more people will buy used goods?

1. More and more people have come to realize the value of used products. [ Pro / Con ]
2. There is more and more information about used products on the Internet. [ Pro / Con ]
3. A greater variety of cheaper brand-new goods will become available. [ Pro / Con ]
4. More and more people have come to realize the value of brand-new products. [ Pro / Con ]

**解答と訳**

[中古品を買う人が増加すると思いますか？]

**1. Pro** より多くの人が中古品の価値を理解するようになりました。

> **ここがポイント！** 環境意識の高まりとともに、一度使われたものを再利用することの価値が見直されるようになりました。

**2. Pro** 中古品の情報がインターネットにたくさん出るようになりました。

> **ここがポイント！** 簡単に売り買いできるので、年配の主婦層も利用するようになりました。

**3. Con** より多くの種類の新製品を安く手に入れられるようになるでしょう。

> **ここがポイント！** 100円ショップでは、膨大な種類の品物が売られています。

**4. Con** 新品の商品の価値に気づく人がますます増えています。

> **ここがポイント！** 新品のほうが値段も高いですが、それだけ長持ちするなど値打ちがあると考える人が増えています。

**表現力をUPしよう！**

- **value** 価値  □ **come to realize** わかってくる  □ **used product** 中古品
- **brand-new goods** 新品の商品  □ **last longer** 長持ちする

いかがでしたか？ ではこれらの賛成（Pro）の反対（Con）のキーアイディアを使ったサンプルエッセイを見てみましょう。

## モデル・エッセイ

### → 賛成の意見

I think more people will buy used goods for two reasons. First, more and more people have come to realize the value of used products. With growing eco-friendliness, more and more people choose used products. Second, there's more and more information about used products on the Internet. People use websites to buy and sell used goods. For these reasons, I think more people will buy used goods.

> 表現力をUPしよう！
> - with growing eco-friendliness 環境意識の高まりとともに
> - website ウェブサイト

［訳］次の2つの理由で中古品を買う人が増加すると思います。第1に、再利用品の価値に気づいた人が増えたからです。環境意識の高まりとともに、ますます多くの人が中古品を選んでいます。第2に、インターネット上に中古品の情報が数多く見られるようになったからです。人々は中古品を売り買いするのにウエブサイトを使います。これらの理由で、私はもっと多くの人が中古品を買うようになると思います。

### → 反対の意見

I don't think more people will buy used goods for two reasons. First, a greater variety of cheaper brand-new goods will be available. People can buy various items at a very low price. Second, more and more people have come to realize the value of brand-new products that last longer. For these reasons, I don't think more people will buy used goods.

> 表現力をUPしよう！
> - at a very low price 非常に安い値段で

［訳］2つの理由で中古品を買う人が増えるとは思いません。1つ目は、より膨大な種類の安い新製品を手に入れられるようになるからです。大変安い値段でいろいろな品物が買えます。2つ目に、長持ちする新品の商品の価値に気づく人がますます増えてきています。これらの理由から中古品を買う人が増えるとは思いません。

次はキーアイディアに続くサポートを考えるマッチング問題に挑戦していただきましょう。

# 03 サポートマッチング問題にチャレンジ！

**問題**

次の設問に関してキーアイディアとサポートのマッチングにトライしてみましょう。適切な組み合わせになるように、1〜4のキーアイディアに続くサポート文を、ア〜エから1つずつ選んでください。

> Do you think more shops will stay open for 24 hours a day?

1. More and more people have become night people. [ ]
2. More and more companies need to increase their sales by keeping their shops open for 24 hours. [ ]
3. More and more people are going to bed earlier because they are worried about their health. [ ]
4. More shops and restaurants will close earlier because of staff shortages and consideration for workers. [ ]

---

ア Keeping shops and restaurants open 24 hours a day has improved their sales.
イ More attractive games and DVDs will keep people stay up late at night.
ウ The government has revised the law in order to give workers better working conditions.
エ People have come to realize that keeping early hours is very good for the health.

**解答と訳**

[もっと多くの商店が24時間営業になると思いますか？]

**1.** 夜型の人がますます増えています。 `Pro`

正解 **イ** より魅力的になったゲームやDVDのせいで人びとが夜遅くまで起きているようになります。
▸ 夜遅くまで起きてゲームやスマホして24時間営業の店に買い物に行きます。

**2.** より多くの会社が24時間営業することで売上を増やす必要があります。 `Pro`

正解 **ア** 商店や飲食店を24時間営業することで会社の売り上げを伸ばしてきました。

**3.** より多くの人が健康が心配なので、早く寝るようになります。 `Con`

正解 **エ** 早寝早起きは健康にとてもよいことだと、人びとは気づくようになってきました。

**4.** 従業員不足や従業員への配慮のために、早く閉めるお店やレストランが増えるでしょう。 `Con`

正解 **ウ** 政府は労働者の労働条件をより良いものにするために法律を変えました。

**表現力をUPしよう！**

- night people 夜型人間　□ increase the sales 販売を増やす
- staff shortages 従業員不足　□ revise the law 法律を改正する
- working conditions 労働条件　□ keep early hours 早寝早起きする

お疲れ様でした。いよいよ次は総仕上げ実践模試です。はりきってまいりましょう。

# Chapter 4

# 総仕上げ実践模試にチャレンジ！

## 実践問題にチャレンジ！

　それではここからはこれまで得たノウハウや知識をフル活用して実践問題にトライしてみましょう。

　準2級の試験では2017年度第1回からライティングが導入され、この回は、Do you think it is better for people to eat at restaurants or at home? のように**【AかBのどちらが良いと思うか】**という二者択一型の問題でしたが、その他のバリエーションとして**【〜するのはよいことか】**型、**【人は〜するべきか】**型、**【〜する人が増えるか（減るか）】**といった**未来予測型**などの出題が予想され、また、英検2級、準1級、1級とステップアップするためにも、様々な問題形式に慣れておくことが大切です。そこで、実践問題演習では一般的な予想問題とは異なったタイプの問題も盛り込んでいますので、ライティング力の幅をぜひ広げていただきたいと思います（**ポイントを2つ述べるという解答の方法は全て同じです**）。

　各問題では、背景知識を確認した後、実際に生徒に書いてもらったエッセイを添削します。英検の採点基準である「**内容**」「**構成**」「**文法**」「**語彙**」の4点から添削しているので（全て直すことは不可能なので必要最低限の添削にとどめています）、**どの点を改善すべきか**を一緒になって考えていただきたいと思います。さらにPro / Conのどちらの立場のほうが書きやすいかというアドバイスを示していますが、**ご自身でもどのような角度からどのようなアーギュメントを展開すればエッセイが書きやすいか**を考えてください。最後は「**モデル・エッセイ**」から強いアーギュメントや話の展開方法、そして各分野に関連した語彙や正確な文法の運用方法をマスターし、同時に「**ワンランクアップポイント**」でさらにアイディアやアーギュメントを深め、エッセイの質を高めていきましょう。それでは張り切ってまいりましょう！

　本書で各エッセイに点数が表示されていますが、これは内容点4＋構成点4＝8点満点での評価です。実際の試験では、語彙点4＋文法点4を加えた16点満点の評価になりますが、本書では、アーギュメントにフォーカスしていただくため、このような表示を採用しています。

# 01 学生はもっと新聞を読むべきか？

　紙の新聞の購読率は年々下がり続けていますが、数語〜数行でやり取りをするLINEやTwitterの普及によって中高生や大学生の読解力の低下が懸念されるなかで、この「もっと新聞を読むべきか」という問題は大切です。英検でも、メディア分野の重要な頻出トピックです。それでは「もっと読むべき」と「あまり読まなくてよい」、それぞれのポイントについて考えていきましょう。「読むべき」とする意見を述べるポイントは「読解力がつく」「一般常識の知識が得られる」などが考えられます。「あまり読まなくてもよい」とする場合のポイントには、「他にやるべきことがたくさんあり、新聞を読んでいる時間がない」「他のメディアに比べてニュースが遅い」などがあげられます。

　では、これらを踏まえて、エッセイトレーニングに取り組んでいきましょう。

### 問題2

> Do you think that students should read newspapers more?
> [訳] 学生はもっと新聞を読むべきだと思いますか？

　では賛成のエッセイから、添削例を見ていきましょう。

### エッセイの添削

→ **賛成の意見**（学生はもっと新聞を読むべき）

#### エッセイ1　4点の解答

①**I think that** students should read newspapers more for two reasons. ②**First**, we can use newspapers for cleaning. ③My mother always saves newspapers to use for cleaning windows. ④**Second**, the sooner you start to read a newspaper, the better. ⑤Reading a newspaper is the shortest way to gain knowledge of what's happening in the world. ⑥**Therefore, I think** students read newspaper more.

**エッセイ2** 6点の解答

①**I think that** students should read newspapers more for two reasons. ②**First**, they can easily get up-to-date information from newspapers every day. ③By doing so, they will be able to think more deeply about the world. ④**Second**, they can improve their reading ability. ⑤With increased vocabulary, they can improve their comprehension. ⑥**Therefore, I think that** students should read newspapers more.

■ 添削解説

　エッセイ1は、全体的に論理的な理由とサポートになっていません。理由の1つ目に②「新聞を掃除に使うことができる」と述べていますが、「もっと読むべきか」という問いかけですので、いくら役には立っても「もっと読むこと」に関連していなければ適切な答えとは言えません。サポートでも「窓そうじに使うため新聞をとっておく」(③) という「読むこと以外」の内容では説得力がありません。これはエッセイ2では② can get up-to-date information「最新の情報を得られるから」と直し、良くなっていますが、「最新情報を得る」と③の「世界についてより深く考えることができるようになる」というサポート分の関連性は弱く、イマイチの展開です。2つ目も、エッセイ1では、④の「できるだけ早く新聞を読むようにしたほうがいい」となっており、やはり「もっと読むべきか」への答えになっていないので、エッセイ2の④のように can improve their reading ability「読むことによって読解力をつけることができる」と変えて良くなっていますが、⑤のサポート「語彙力が増えることで、読解力が高まる」は、少し論理が飛躍しており苦しい展開です。正しいサポートは満点解答⑤を見てください。

　《語法》で注意すべき点は、newspapers で、数えることのできる名詞ですので、a newspaper か newspapers とする必要があります。

こう攻略しよう

　「新聞をもっと読むべきか」ですが、賛成のほうが強いアーギュメントが作れるでしょう。ポイントは、新聞を読むことによって「より深い読解力がつく」④「知識の量が増える」「情報を深く掘り下げる力がつく」といった点をあげればいいでしょう。それでは、賛成の「満点解答」をみていきましょう。

# モデル・エッセイ

### → 賛成の意見（学生はもっと新聞を読むべき） 満点解答

①**I think that** students should read newspapers more for two reasons. ②**First**, through reading newspapers, we can keep our knowledge up-to-date. ③News around the world appears in newspapers every day. ④**Second**, students can improve their reading comprehension. ⑤By reading newspapers every day, students can increase their general knowledge and vocabulary, and therefore improve their comprehension. **For these two reasons, I think that** students should read newspapers more.

#### 表現力をUPしよう！

- keep one's knowledge up-to-date 知識を最新にしておく
- appear in newspapers 新聞に載る
- increase vocabulary 語彙を増やす
- general knowledge 一般常識
- comprehension 理解力

[訳] 私は2つの理由から学生たちはもっと新聞を読むべきだと思います。第一に、新聞を読むことで知識を最新にしておくことができるからです。世界のニュースが毎日新聞に載っています。第2に、学生たちは読解力を向上できます。新聞を毎日読むことで、学生たちは一般常識や語彙を増やすことができ、ゆえに理解力も高まります。これら2つの理由から、学生たちはもっと新聞を読むべきだと思います。

### ワンランクアップポイント

その他にも新聞をもっと読むべき理由として考えられるのは、「文化欄、スポーツ欄、料理欄などを読むことで、いろいろなトピックに関する幅広い情報を得ることができる」(by reading culture, sports and cooking columns in a newspaper, you can gain information on a wide variety of subjects)、「文字を読むことに慣れる」(get used to reading)、「雑談の話題になる」(can easily get conversation topics) などです。

#### 表現力をUPしよう！

- newspaper articles 新聞の記事
- read a newspaper from cover to cover 新聞をすみからすみまで読む
- subscribe to a newspaper 新聞を購読する
- look through ... …をざっと目を通す

反対意見 "I don't think that students should read newspapers more."「学生はもっと新聞を読むべきではない」は弱い意見なので割愛します。

# 02 健康のため運動をする人は増えるか?

健康志向が高まるなか、最近、英検でも健康についての出題が増えてきました。この問題では、「運動する人が増える」というときのポイントとしては、「医療費が減らせる」「運動を通じて友達が増える」「オリンピックが近いので運動してみたくなる人が増える」などがあげられるでしょう。「増えない」場合のポイントには、「ますます忙しくなっている」「場所がない」「すでにかなりの人が運動をしてこれ以上は増えない」などがあげられます。

では、これらを踏まえて、エッセイトレーニングに取り組んでいきましょう。

### 問題3

> Do you think that more people will exercise regularly for their health?
>
> [訳] 健康のために定期的に運動をする人は増えると思いますか?

では添削例を見ていきましょう。

### エッセイの添削

→ **賛成の意見**(運動する人が増える)

#### エッセイ1　1点の解答

①**I think that** more people will exercise regularly for their health for two reasons. ②**First**, you should walk to and from school every morning. (質問からまったくそれている) ③It is not good for your health if your parents drive you to school and home every day. ④**Second**, as high calorie foods are not good for health, more people try to eat less. ⑤They do not like exercising. (質問からまったくそれている)

#### エッセイ2　5点の解答

①**I think that** more people will exercise regularly for their health for two reasons. ②**First**, more and more people will exercise to keep fit and try to reduce their medical spending. ③**Second**, more people find it enjoyable to exercise with their friends. ④**Therefore**, more and more people will exercise regularly for their health.

■ 添削解説

　エッセイ1は、全体的に問いに答える形になっていません。「運動する人が増える」という主張に対して、1つ目の理由として②「学校には歩いて通学するべきだ」は全くそれていますし、③「車で送り迎えを車でしてもらうのは健康によくない」というサポートをあげていますが、確かに「健康によくないことに気がついて運動をする人が増えるだろう」と考えることはできますが、そういった人は多いとは思われないので、一般論として「運動をする人が増える」理由にはなりにくいでしょう。そこで、1つ目の理由を、more and more people will exercise to keep fit and try to reduce their medical spending「健康を維持し、医療費を減らすために、運動する人が増える」に変えると強いアーギュメントになります。2つ目の「カロリーの高い食事は健康によくないとわかってきたので、できるだけ食べないようにする人が増える」（④）という答えは、運動をする人が増える理由にはなっていません。エッセイ2では、これを more and more people will find it enjoyable to exercise with their friends「友達と運動をしたほうが楽しいと思う人がますます増える」（③）としていますが、やはり「なぜ、友人との運動を楽しく思う人が増えるかの理由や背景」がないため、弱いアーギュメントになっています。よって5点としました。

　《語法》では **keep fit**「健康でいる」が要注意です。keep「〜の状態でいる」は後ろに形容詞をとります。find it enjoyable to ...「…するのが楽しいと思う」では find の後ろの it は enjoyable の後ろの to ... を指しています。

　では、満点解答を見てみましょう。

## モデル・エッセイ

### → 賛成の意見（運動する人が増える）　満点解答1

①**I think that** more people will exercise regularly for their health for two reasons. ②**Firstly**, more and more people will worry about their body shape. ③They want to be slender. ④**Secondly**, more people think that exercise can work off their stress. ⑤People can forget everyday troubles by enjoying exercise. ⑥**For these two reasons, I think that** more people will exercise regularly for their health.

> 表現力をUPしよう！
> 
> □ **one's body shape** 自分の体形　□ **slender** ほっそりした
> □ **work off one's stress** ストレスを発散する

[訳] 2つの理由から定期的に運動する人が増えると思います。第1に、体形を気にする人が増えるからです。みんな細くなりたいのです。第2に、運動がストレス発散になると考える人が増えるからです。運動することで毎日のいやなことを忘れることができます。これら2つの理由から健康のために定期的に運動する人が増えると思います。

第1の理由「体形を気にする人が増える」（②）→サポート「ほっそりとスリムになりたいと思っている」（③）、第2の理由「ストレス発散のため」（④）→サポート「運動で日々のいやなことを忘れる」（⑤）と、論理的な文章の展開になっています。ただし社会的に重要な理由のほうがサポートとしては強いので、次の「満点解答2」では「体形を気にする」理由の代わりに、「医療費の増大」を理由にあげました。

では、別解として次の満点解答も見てみましょう。

### → 賛成の意見（運動する人が増える）　満点解答2

> ① **I think that** more people will exercise regularly for their health for two reasons. ② **First**, with increasing competition in the business world, more people will exercise to relieve their stress. ③ **Second**, with increasing medical costs in our super-aging society, more elderly people will exercise to keep fit. ④ They will try to save their medical spending by preventing illness. ⑤ **For these two reasons, I think that** more people will exercise regularly for their health.

> 表現力をUPしよう！
> 
> □ **increasing competition** ますます激しくなる競争
> □ **relieve one's stress** ストレスを発散する
> □ **increasing medical costs** 医療費の増加
> □ **super-aging society** 超高齢化社会　□ **keep fit** 健康を保つ
> □ **save medical spending** 医療費を減らす　□ **prevent illness** 病気を予防する

[訳] 私は2つの理由から健康のために定期的に運動する人が増えると考えます。第1に、ビジネスの世界で競争が激しくなるなかで、ストレス発散のために運動をする人が増えるでしょう。第2に、超高齢化社会になり医療費が増大するなかで、健康を維持するために運動をする高齢者がますます増えるでしょう。病気を予防することによって医療支出を減らそうとするのです。これら2つの理由から、より多くの人が将来、定期的に運動するようになると思います。

第1の理由「ビジネスでの競争の激化によるストレスを発散するため」(②) は、キーアイディアとサポートを引き締まった1文の英語で述べています。第2の理由「高齢化で医療費が高騰し (with increasing medical costs in the super-aging society)、高齢者が健康を維持する (keep fit) ため運動する」(③) の次に、「病気を予防すること (preventing illness) で、医療費を削減しようとしています」(④) と強力なサポートをつけて、論理的な強い解答となっています。④の by preventing illness の代わりに by walking, stretching and exercising と高齢者に人気の運動を具体的に述べることもできます。

### ワンランクアップポイント ↗

　その他にも、運動する人が増える理由としては、「スタイルをよくしたいという意識が高まっている」(become more conscious about their physical shape)、「運動にかける時間とお金に余裕がでてきた」(become able to spend more time and money doing exercise)、「運動することでルールを大切にする心を育む」(develop rule-abiding mind by doing exercise) などがあげられるでしょう。

### 表現力をUPしよう！

- □ become more conscious about … …をもっと意識するようになる
- □ spend time ~ ing ～して時間を使う　□ rule-abiding mind ルールを大切にする心
- □ care more about health … … 健康にもっと関心を持つ

　次に、運動する人はあまり増えないという反対意見の解答を見ていきましょう。

### エッセイの添削

→ **反対の意見**（あまり運動する人は増えない）

#### エッセイ3　7点の解答

①**I don't think that** more people will exercise regularly for their health for two reasons. ②**First**, people are getting busy. ③Therefore, they will be too tired to exercise. ④**Second**, there will be many other things that attract people. ⑤More people will enjoy these interesting movies and games on sale. ⑥**For these two reasons, I don't think that** more people will exercise regularly for their health.

### 表現力をUPしよう！

- get busier and busier　ますます忙しくなる
- too tired to do …　疲れすぎて…できない

[訳] 私は2つの理由から、定期的に運動をする人が増えるとは思いません。第1に、人びとはどんどん忙しくなっています。運動をするための時間もエネルギーもほとんど残っていません。第2に、運動以外に人びとをひきつけるものがたくさんあるからです。面白い映画やゲームを楽しむ人が増えるでしょう。これら2つの理由から、私は運動を定期的にする人が増えるとは思いません。

### ■ 添削解説

　全体的にはかなりよく書けていますが、「～は増えるか」型エッセイなので、② people are getting busy. に「現在より増える」という**「比較」の概念を入れる必要があります**。具体的には、getting busier and busier と変えることで、「ますます増えている」と言う意味が加わり、エッセイに相応しい表現となります。第2に、④の「魅了することが運動の他にもある」という理由に対する、具体的なサポート文が⑤の「面白い映画やゲーム」ですが、these interesting movies and game on sale と these があるのは減点対象となります。**these は、前にすでに話に出てたものにしか使えません**ので、映画やゲームが「**新情報**」のここでは削除します。このように、指示代名詞の使い方も、論理を追求するエッセイでは、非常に重要になってきます。

　さて、「忙しいので疲れすぎてしまって運動ができない（too tired to exercise）」という部分は、have little time and energy left to enjoy exercise「運動をする時間やエネルギーがほとんど残っていない」と変えたほうがよいでしょう。

　では、満点解答を見てみましょう。

## モデル・エッセイ

### → 反対の意見（あまり運動する人は増えない）　満点解答

①**I don't think that** more people will exercise regularly for their health for two reasons. ②**First**, people are getting busier and busier with increasing competition in business. ③They will have little time and energy left to exercise. ④**Second**, there will be more attractive indoor entertainments. ⑤People will be more and more attracted to net surfing and exciting games and movies.

### 表現力をUPしよう!

- □ with increasing competition in business 仕事での競争がますます激しくなる
- □ attractive indoor entertainments 魅力的な室内娯楽
- □ be more attracted to … …にもっと魅力を感じる

[訳] 私は2つの理由から、健康のために定期的に運動する人はもう増えないと思います。第1に、ビジネスの競争が激化するなかで、人々はますます忙しくなっています。運動する時間もエネルギーもほとんど残っていないのです。第2に、楽しい室内娯楽が増えるからです。人々はネットサーフィンやエキサイティングなゲームや映画により魅力を感じるでしょう。

第1のポイントは、前のエッセイ3を修正したもので強いです。

第2のポイント「魅力的な室内娯楽（indoor entertainments）が増えるから」（④）は次の文の「ネットサーフィンや面白いゲーム・映画などにますます引き付けられる人が増える」（⑤）という**サポートがキーアイディアにぴったりとマッチング**しています。非常に効果的で論理的な文章展開になっています。

[ エッセイ・ライティング問題 ]
## 満点突破の極意！

**these は、前にすでに話に出たものにしか使えない！
新情報に these をつけると論理がおかしくなると思え！**

**キーアイディアとサポートがぴったりマッチしているか、常に確認せよ！**

### ワンランクアップポイント

その他にも反対の理由として考えられるのは、「スマホのスポーツゲームをすることで実際にスタジアムで運動したような気になる」(Playing a sport game on your smartphone, you just feel like you're actually playing in the stadium.)、「健康を保つためにサプリメントを使う人が増えている」(More people take supplements to keep fit rather than doing exercises.) などが考えられます。

### 表現力をUPしよう!

- □ supplements to keep fit 健康になるためのサプリ
- □ a pedometer 万歩計

# 03 ファストフードはもっとはやるか？

英検でも食べ物の話題は頻出です。ここでは、街のあちこちで見られるファストフード店が、今後ますますはやるかどうかを考えます。それでは、まずメリットとデメリットをあげてみましょう。ファストフードのメリットは、「便利さ」「おいしさ」「値段の安さ」、デメリットとしては「食の安全性に問題がある」「高カロリーで太る」などがあります。はやらないと考える場合はデメリットのポイントを書けばいいでしょう。

では、これらを踏まえて、エッセイトレーニングに取り組んでいきましょう。

### 問題 4

Do you think that more people will eat fast food?
[訳] ファストフードを食べる人が増えると思いますか？

では添削例を見ていきましょう。

### エッセイの添削

→ **反対の意見**（ファストフードを食べる人は増えないと思う）

#### エッセイ1　4点の解答

①**I don't think** more people will eat fast food more often for two reasons. ②**First**, more people have noticed that it is not safe for their health. ③It is not good for their health. ④**Second**, more people want to stay healthy. ⑤Fast food will put more weight. ⑥**For these two reasons, I don't think** more people will eat fast food.

■ 添削解説

エッセイ1では「ファストフードを食べる人が増えない」という主張し、第1の理由として、②「ファストフードは健康に安全ではない」と述べ、さらにサポート文として③「健康に良くない」と続けていますが、②と③は表現を変えただけで内容的には全く同じで、サポートになっていません。これは正しくは「健康に悪いと気づく人がますます増える（More and more people have realized that they aren't good for their health.）」というキーアイディアに続き、「健康志向の高まる中、人々は不健康なファストフード

098

を以前ほど食べなくなる（With growing health consciousness, people will eat unhealthy fast food less often.）」とサポートします（満点解答②③）。

　第2の理由として、④「健康志向の人が増える」とありますが、これは第1のポイントと「健康」という大きな概念が**オーバーラップ（重複）**しており不可です。そこで、⑤の「体重を増やしたくない（weight-conscious）」という「美容面」のキーアイディアに立て直し、1つ目の「健康でありたい（health-conscious）」とキーアイディアの重複を避ける工夫をする必要があります。このように、**「健康」のような【大きな概念】をキーアイディアに採用するときは、他のキーアイディアとオーバーラップしないか、細心の注意を払う**ことが、論理的なエッセイライティングで成功する秘訣です。

　《語彙面》では、サポート文⑤は「ファストフードを食べると体重が増える」と言いたいのでしょうが、「体重が増える」は put more weight ではなく、正しくは、I put on weight. のように人を主語にして、put on というフレーズで表現します。ここでは、Fast food will make people gain more weight. とするとよいでしょう。その他、②の notice（気づく）は軽い動詞なので、文脈に相応しい realize（悟る）に変えました。また、safe は少し大げさなので good に変えました。また、with growing health consciousness「高まる健康志向の中」が英語らしい言い方で、上の級を目指す際に役立つ表現です。growing は、「ますます増えた」と言いたいけれども more and more が使えないときに重宝する便利な表現です。他には an increasing number of students「ますます多くの学生たちが」という言い方もあります。ぜひ使えるようになりましょう。

　では満点解答を見てみましょう。

### モデル・エッセイ

→ **反対の意見**（ファストフードを食べる人は増えないと思う）　満点解答

①**I don't think** more people will eat fast food more often for two reasons. ②**First**, more and more people have realized that it isn't good for their health. ③With growing health consciousness, people will eat unhealthy fast food less often. ④**Second**, more and more weight-conscious people want to lose weight by eating healthy low-calorie food rather than oily high-calorie fast food.

### 表現力をUPしよう！

- □ with growing health consciousness 高まる健康志向の中
- □ weight-conscious people 体重を気にする人々　□ lose weight 体重を減らす
- □ low-calorie food 低カロリーの食べ物
- □ oily high-calorie fast food 脂っぽい高カロリーのファストフード

[訳] 私は2つの理由から、より頻繁にファストフードを食べるようになる人が増えるとは思いません。第1に、ファストフードが健康には良くないと気づく人がますます増えてきています。健康志向が高まる中、人々が不健康なファストフードを食べることは稀になるでしょう。第2に、脂っぽい高カロリーのファストフードより、健康的で低カロリーの食事を食べ、体重を減らしたいと考える体重を気にする人がますます増えています。

　満点解答では、「健康でありたい（health-conscious）」と「体重を増やしたくない（weight-conscious）」（美容面）の2つのキーアイディアで論理的にまとめています。第2のポイントは1文ですが、実は「体重を減らしたい人がますます増える」というキーアイディアと、その方法として「脂っぽい高カロリーのファストフード（oily high-calorie fast food）より健康的な低カロリーの食事をする（eating healthy low-calorie food）」というサポートを by eating ... を使って一気に表現しています。上級者向けの表現ですが、満点を狙う場合は、書けるようにしましょう。

### [ エッセイ・ライティング問題 ]
### 満点突破の極意！

**healthy のような【大きな概念】を表す単語をキーアイディアに使う場合は、他のキーアイディアとのオーバーラップ（重複）に注意せよ！**

それでは、賛成のエッセイを見てみましょう。

### エッセイの添削

→ **賛成の意見**（ファストフードを食べる人が増える）

#### エッセイ2　6点の解答

①**I think that** more people will eat fast food for two reasons. ②**First**, fast food is cheaper and tastier. ③Since Japan is still in a recession, more people like eating cheaper and tastier food. ④**Second**, they're served very quickly. ⑤Life is busier in Japan; more and more people will prefer to eat food quickly. ⑥**For these two reasons, I think that** more people will eat fast food.

> 表現力をUPしよう！
>
> ☐ **in recession** 不況にある　☐ **be served quickly** 注文したものがすぐ来る

[訳] 私は、2つの理由からファストフードを食べる人が増えると思います。第1に、ファストフードはどんどん安くておいしくなっているからです。日本はまだ景気がよくないので、より安くておいしいものを食べたい人が増えています。第2には、注文したものがすぐ来ます。日本では生活はますます忙しくなっているので、より早く食べられるものを好む人が増えています。これら2つの理由から、私はファストフードを食べる人が増えると思います。

■ 添削解説

1つ目のポイントの②「ファストフードはより安くおいしい」ですが、ファストフードは他の食べ物と比べて、tastierとは限らないですし、またサポート文の「日本はまだ不況で、安くおいしいものを食べたい人が増えている」は現状を述べているだけで、未来も不況だとは断言できず、弱いです。2番目の、「速く提供される」はポイントにならないので注意が必要です。この場合、People are getting busier and busier due to business competition.「ビジネスの競争のため人々はますます忙しくなっている」を前に出してポイントにし、Therefore, more people will eat fast food that are served very quickly. サポートをとるならば OK です。

では満点解答を見てみましょう。

## モデル・エッセイ

### → 賛成の意見（ファストフードを食べる人が増える）　満点解答

①**I think that** more people will eat fast food for two reasons. ②**First**, people are getting busier and busier under severe business competition. ③Therefore, they want to eat something that can be served very quickly. ④**Second**, children who grow up with fast food will continue to eat them after they become adults. ⑤This will increase the total number of fast food consumers. **For these two reasons, I think that** more people will eat fast food.

> 表現力をUPしよう！
>
> ☐ **under severe business competition** 仕事の競争で
> ☐ **the total number of ...** …の全体の数　☐ **consumer** 消費者

[訳] 私は2つの理由からファストフードを食べる人が増えると考えます。第1に、人々は仕事でますます忙しくなっています。ゆえに彼らはすばやく出されるものを食べたいのです。第2に、ファストフードを食べて大きくなった子どもたちは、大人になってからもファストフードを食べ続けます。このことでファストフードを食べる人たち全体の人数が増えます。これら2つの理由から、ファストフードを食べる人が増えると思います。

　この満点解答はいかがでしょうか。第1のポイントは、「ビジネスでの激しい競争の中、ますます人々は忙しくなる」(②)で、サポートが「ゆえに、すぐに出されるファストフードを食べたいと思う」(③)という展開で、第2のポイントは「ファストフードを食べて育った子供たちは、大人になってもファストフードを食べ続ける」(④)で、そのサポートとして「結果として、ファストフードの消費者の合計人数が増える」(⑤)となっており、なかなか論理展開が強い解答です。

> ワンランクアップポイント ↗

　その他にもファストフードを食べるようになる理由として考えられるのは「便利」(convenient)、「遅くまで開いている」(open late)、「値段が年中安くて一定」(fixed low prices all through the year) などが考えられます。一方ファストフードがはやらない理由としては、「家庭の味」(a taste of home cooking) や「季節の味」(seasonal tastes) を楽しみたいからなどをあげることができます。**よくある間違いはファストフード自体のメリットやデメリットを指摘するだけで終わってしまう**ことです。この場合、ファストフードを食べる人が増える、もしくは減る理由には直接つながらず、**論理の飛躍**になります。ゆえに、例えば「生活ペースが速くなってきているから増える」や「健康を気遣う人が増えてきているからファストフード人口が減る」など直接的な理由を書かなければなりません。

> 表現力をUPしよう！
>
> ☐ **the same taste** 同じ味　☐ **fixed price** 一定の値段、固定価格
> ☐ **eat seasonal food** 季節の味を食べる

# 04 日本語を学ぶ外国人は増えるか？

　和食、マンガ、オリンピックの開催など、世界の関心が日本に集まるなか、外国人の日本語学習者の数も増えてきました。英検でも日本語学習についての質問が出題されています。ここでは、学習者が「増える場合」と「増えない場合」のポイントをそれぞれみていきましょう。「増える場合」のポイントは「日本の映画やマンガなどを日本語で楽しみたい」「日本で商売をしたい」、「増えない場合」のポイントはとしては、「日本語（漢字）学習が難しい」「マイナーな言語のため学習価値を見い出せない」などがあげられます。
　では、これらを踏まえて、エッセイトレーニングに取り組んでいきましょう。

### 問題 5

> Do you think that more foreigners will study the Japanese language?
> ［訳］日本語を学ぶ外国人が増えると思いますか？

　では添削例を見ていきましょう。

### エッセイの添削

→ **賛成の意見**（日本語を学ぶ外国人が増える）

#### エッセイ 1　4点の解答

①**I think** more foreigners will study Japanese for two reasons. ②**First**, nowadays Japanese culture is very popular in the world. ③Many foreigners like to enjoy anime or video games. ④**Second**, Japanese food is very popular among foreigners. ⑤So, they want to learn how to make them. ⑥**For these two reasons, I think** more foreigners will learn the Japanese language.

■ 添削解説

　エッセイ1は、日本文化や和食の人気について述べていますが、日本語学習者の増加とどう結びついているかは述べられていません。また1つ目に述べられた②のJapanese cultureの中に、2つ目の理由に挙げた④のJapanese foodは含まれてし

まい、キーアイディアがオーバーラップ（重複）してしまいますので、Japanese culture を Japanese pop culture として2つの違ったポイントを作る必要があります。このように **culture** のような大きな**概念**を表す単語をキーアイディアに使う場合は、**他のキーアイディアと重複しないか注意が必要**です。さらに②と③をまとめて、「日本のポップカルチャーが世界で人気で、その結果、日本語への興味が出てくる」とすると論理的で強くなります（満点解答の②③参照）。エッセイ1の④と⑤に述べられた2つ目は、with a Japanese instructor「日本人の先生に」習うとすれば日本語学習者の増加と「外国人に人気の日本料理」を関連づけることができます。

《語法・語彙》としては、as ...「…するに連れて」が使えるようになると表現力が増します。develop one's interest in ...「…に対する興味を起こす」の in は be interested in ...「…に興味がある」の in と同じですね。learn how to ... では learn は他動詞ですので how to ... 全体が目的語となっています。「日本語」は Japanese か the Japanese language となります。

ではモデルエッセイを見てみましょう。

## モデル・エッセイ

### → 賛成の意見（日本語を学ぶ外国人は増える） 満点解答

①**I think** more foreigners will study Japanese for two reasons. ②**First**, as Japanese anime and games are getting more and more popular in foreign countries, more foreigners will develop their interest in Japanese culture. ③Their cultural interest can grow into their desire to learn Japanese. ④⑤**Second**, as Japanese food becomes more popular in the world, more foreigners will come to Japan to learn how to make it from a Japanese instructor. ⑥**Therefore, I think** more foreigners will learn the Japanese language.

表現力をUPしよう！

- develop one's interest in ... …への関心を高める
- grow into ... …になる
- instructor 講師

[訳] 私は2つの理由から、より多くの外国人たちが日本語を学ぶと思います。第1に、海外の国々で、日本のアニメやゲームの人気がますます高まっているので、より多くの外国人が日本文化への関心を高めるでしょう。日本文化への関心から、日本語を学びたいと強く思うことでしょう。第2に、日本の食べ物の人気が世界中で高まるにつれて、より多くの外国の人々が日本人講師から和食の作り方を

学ぶために、来日するようになるでしょう。こういった2つの理由から、私はより多くの外国人たちが日本語を学ぶようになると思います。

### ワンランクアップポイント

　日本語学習の広がりについて「増える」と「増えない」の2つとも書けるトピックです。この場合は両方とも書けるように練習しておくとよいでしょう。「増える」の場合は「マンガやゲームなど、J-pop culture」や「和食」をきっかけに日本語を学ぶ人が増えているというポイントを書くといいでしょう。その他にも日本語学習者の増加の理由としては、「侍や忍者に興味がある」(be interested in samurai and ninja)、「日本の歴史や文化に興味がある」(want to know about Japanese history and culture)、「日本の景勝地に関心がある」(be interested in scenic places in Japan)、「日本で商売をしたい」(want to do business in Japan) などが考えられます。「増えない」の場合は漢字や敬語などをはじめとする日本語の難しさをあげると書きやすくなります。

　それでは次に日本語学習者が増えると思わないという反対意見の解答を見ていきましょう。

### エッセイの添削

→ **反対の意見**（日本語を学ぶ外国人は増えない）

#### エッセイ2　6点の解答

　①**I don't think that** more foreigners will study the Japanese language for the following two reasons. ②**First**, the Japanese language is very difficult to learn. ③Many give up studying it. ④**Second**, they cannot find Japanese reference books in foreign countries like English. ⑤They cannot find people they can talk with in Japanese. ⑥**For these two reasons, I don't think** more foreigners will learn Japanese language.

#### 表現力をUPしよう！

□ reference books 参考書

[訳] 私は2つの理由から日本語を勉強する外国人が増えないと思います。第1に、日本語は学ぶのが難しいことです。多くの外国人が日本語の勉強をあきらめます。第2に、外国では日本語の参考書は英語の参考書のようには見つけられません。まわりに日本語で話しかけることができる人を見つけることもできません。これら2つの理由から、私は日本語を学ぶ外国人が増えないと思います。

■ 添削解説

　1つ目のキーアイディアの「日本語は学ぶのが難しい」(②) とそのサポート③の「それを学ぶのをあきらめる人が多い」は、論理的な文章にするためには、**Therefore, ～（ゆえに）などの接続詞を使って、二文の関係を明確にする**必要があります。

　2つ目のキーアイディア④「参考書が少ない」のサポート文になるはずの⑤では、「外国では日本語を話す人が少ない」と別のキーアイディアを提示しており、「キーアイディア→サポート」が失敗した悪い例です。また④と⑤はともに弱い理由で、本当に学びたかったら、何としてでも参考書を見つけるでしょうし、話す人がまわりにいなくても、映画などでも勉強できるからです。

　では反対の意見の満点解答を見てみましょう。

## モデル・エッセイ

→ **反対の意見**（日本語を学ぶ外国人は増えない）　满点解答

**I don't think that** more people will study the Japanese language for the following two reasons. **First**, the Japanese language is very difficult to learn. Therefore, most foreigners will give up studying it. **Second**, most foreigners don't think it is valuable to learn Japanese. This is because Japanese is not as commonly used as English in the world. **For these two reasons, I don't think that** more people will study Japanese.

表現力をUPしよう！

- **give up doing** ～することをやめる
- **valuable** 価値のある
- **be commonly used** 幅広く用いられている

［訳］私は以下の2つの理由から日本語を勉強する人は増えないと思います。1つ目は、日本語は習得するのが難しいからです。よって、ほとんどの外国人は日本語の勉強をやめてしまうでしょう。2つ目はほとんどの外国人は日本語を学習することは価値のあることだと考えていないからです。これは世界では英語ほど幅広く使われていないからです。これら2つの理由から日本語を勉強する人は増えないと思います。

　満点解答では「日本語の難しさ」と「日本語学習の価値を認める外国人が少ない」の2つのポイントを書き、説得力あるアーギュメントとなっています。第2のポイントのサポート文では、世界で広く使われる英語との比較により、うまくキーアイディアの論証をしています。

［エッセイ・ライティング問題］
**満点突破の極意！**

**culture のような【大きな概念】を表す単語を
キーアイディアに使う場合は、他のキーアイディアと
のオーバーラップ（重複）に注意せよ！**

# 05　電気自動車はもっと普及するか？

　ニューテクノロジーとして AI、ロボット、電気自動車などが注目を集めていますが、英検でもこれらについての質問が頻出問題になっています。ここでは電気自動車が「普及するか」「普及しないか」、それぞれのポイントについて考えていきましょう。「普及する」ポイントとしては「環境にやさしい」「石油がなくなる」など、「普及しない」ポイントとしては「一般の人は高くて買えない」「インフラが整ってない」「静かすぎて危険である」などがあげられます。

　では、これらをふまえて、エッセイトレーニングに取り組んでいきましょう。

**問題 7**

> **Do you think that more people will use electric cars in the future?**
> ［訳］電気自動車は将来もっと普及すると思いますか？

　では添削例を見ていきましょう。

**エッセイの添削**

→ **賛成の意見**（電気自動車はもっと普及すると思う）

**エッセイ 1　5点の解答**

①**I think that** more people will use electric cars in the future for the following two reasons. ②**First**, electric cars will be reasonable in the near future. ③Its running cost is one tenth. ④**Second**, charging stations are increasing. ⑤It is getting easier to recharge electric cars. ⑥**For these two reasons, I think that** more people will use electric cars.

■ 添削解説

　このエッセイは論理的には筋が通っているように見えますが、いくつか問題があります。まず、第1のポイントの②で「電気自動車は将来手ごろな値段になる」と言いたいのでしょうが、be reasonable だけでは「価格」のことを言っているかどうかがあいまい

で正確な表現ではありません。正しくは、become less expensive（より安い価格になる）、または、ちょっと難しい表現ですが、become reasonably priced（お手頃な価格になる）、と be 動詞の代わりに「変化」を表す動詞 become を使って表現します。

次に、③のサポート文では、「ランニングコストが 10 分の 1 になる (Its running cost is one tenth.)」とありますが、何の 10 分の 1 か「比較対象」が書かれていないため、意味不明になっています。ここでは、one tenth the cost of non-electric cars（非電気自動車のコストの 10 分の 1）などと**正確に比較対象を明示**する必要があります。ただし、論理の展開を強くするなら、サポート文には、電気自動車が安くなる「理由」を書くべきで、③のようにランニングコストに話題を持っていくと、話が飛躍してしまいイマイチの展開です。価格が下がる理由としては、「バッテリーの価格が急速に下がる (The cost of batteries is rapidly going down.)」としてキーアイディアをサポートすると強くなるでしょう（エッセイ 2 の③）。

第 2 のポイントでは、④の「電気ステーション (charging stations) が増えている」のサポート文として、⑤「電気自動車の充電 (recharge electric cars) がますます簡単にできるようになりつつある」とあり、これもまあまあよいのですが、より強いサポート文にするには、「どれぐらい増えているか」を述べる必要があります。たとえば、「アメリカの場合は主要ハイウェイでは 50 マイルに 1 つ充電ステーションを作る予定である」と具体的な数値を述べることによって、ぐーんと説得力が増します（エッセイ 2 の⑤）。

《語法》として気をつけたいのは、「〜が増える」と言いたいときに、④ charging stations **are increasing in number**.（電気ステーションの数が増えています）と in number をつけるのを忘れないようにしましょう。また、「チャージをするのがますます簡単になっています」(⑤) は、It is getting easier to recharge ... だと「充電するのはより簡単になりつつあります」と現状を述べただけで、将来に向けて「ますます簡単になる」というプロセスが出ていません。正しくは、It is getting easier and easier to recharge 〜と「It is getting 比較級 and 比較級」（ますます〜になる）を使って表現しましょう。**「〜が増えるか、普及するか？」型エッセイの理由では、「It is getting 比較級 and 比較級」（ますます〜になる）を使って増加するプロセスを出す**ことは必須！と覚えておきましょう。

これらを踏まえて、修正したエッセイ 2 を見てみましょう。

### エッセイ 2　6点の解答

①**I think that** more people will use electric cars in the future for two reasons. ②**First**, electric cars will be more reasonably priced in the near future. ③The cost of batteries is rapidly going down. ④**Second**, the number of charging stations for electric cars is increasing. ⑤In the US, charging stations will be available every 50 miles along major highways. ⑥**For these two reasons, I think** more people will use electric cars.

■ 添削解説

　これは、いかがでしょうか。①「コストが下がる」、②「充電するための電気ステーションの数が増える」と2点とも、論理的にも表現的にも強い解答で、満点！といいたいところですが、電気自動車普及の最も強い理由である、「eco-friendly（環境にやさしい）」のアイディアが抜けているため、厳しく6点としました。このように、社会問題のエッセイでは、最も強い理由を2つ考えることが満点解答への第1歩であると覚えておきましょう！

[ エッセイ・ライティング問題 ]
## 満点突破の極意！

**最も強い理由を2つ考えることが満点解答への第1歩**

**「〜が増えるか、普及するか？」型エッセイの理由では、「It is getting 比較級 and 比較級」（ますます〜になる）を使って増加するプロセスを出せ！**

**「〜が増えています」はX + is / are increasing in number. またはThe number of X is increasing. 超必須表現！**

ワンランクアップポイント ↗

　「〜ごとに」every 50 miles のような言い方で、例えば every three days の場合 three days で一塊で、それに every がついています。意味は「3日ごとに、3日おきに」です。

　「電気自動車」の英語は、an electric vehicle もしくは an EV（複数形は EVs）が広く使われています。

では、次のエッセイを見てみましょう。

**エッセイの添削**

→ **賛成の意見**（電気自動車はもっと普及すると思う）

**エッセイ3　7点の解答**

①**I think that** more people will use electric cars in the future for the following two reasons. ②**Firstly**, they are friendly to the environment. ③They don't give off carbon dioxide, which is bad for the environment. ④**Secondly**, they are very quiet and smooth. ⑤More people will enjoy a comfortable ride in electric cars. ⑥**For these two reasons, I think that** more people will use electric cars.

**表現力をUPしよう！**

- friendly to the environment 環境にやさしい
- give off carbon dioxide 二酸化炭素を排出する

[訳] 次の2つの理由から将来は電気自動車を使う人が増えると思います。第1に、環境にやさしいことです。環境に悪い二酸化炭素を排出しないからです。2つ目として、それはとても静かでスムーズだからです。より多くの人が電気自動車での快適なドライブを楽しむでしょう。これら2つの理由からもっと多くの人が電気自動車を使うようになると思います。

■ 添削解説

「環境にやさしい」と「乗り心地のよさ」を中心に書いたこのエッセイはいかがでしょうか。論理的にはかなりよくかけているのですが、「電気自動車普及」の理由として、一番強い「環境」は述べていますが、第2のポイントの「静かでスムーズである」はもっと売れるという**理由付けとしては弱く**7点としました。

次に《文法面》ですが、③の They don't give off carbon dioxide, which is bad for the environment. には重大なミスがあります。これは**「カンマ」が命取りになる例**で、whichの前にカンマがあると、「電気自動車は二酸化炭素を排出しないが、そのことは環境に悪い」と意味不明な内容になる可能性があります。カンマを取って、「環境に悪い二酸化炭素を、電気自動車は排出しない」と正しく述べましょう。

[ エッセイ・ライティング問題 ]
# 満点突破の極意！

**「カンマ」の有無で意味が正反対！**
**SV ..., which の which の先行詞は前の節全体、前の句、前の語などいろんな部分を指す可能性があり、要注意！**

## モデル・エッセイ

→ **賛成の意見**（電気自動車はもっと普及すると思う） 満点解答

①**I think that** more people will use electric cars for two reasons. ②**First**, they are eco-friendly. ③They don't give off carbon dioxide which is bad for the environment. ④**Second**, they are far less expensive to drive than cars that run on gasoline. ⑤They cost only one-tenth the cost of non-electric cars. ⑥**For these two reasons, I think that** more people will use electric cars.

表現力をUPしよう！

- eco-friendly 環境にやさしい　□ far less expensive はるかに安い
- cars that run on gasoline ガソリン車　□ cost ... 費用（値段）が…かかる
- one-tenth the cost of non-electric cars 非電気自動車のコストの10分の1

[訳] 私は2つの理由から電気自動車は普及すると考えます。第1に、環境にやさしいです。環境に悪い二酸化炭素を排出しません。第2に、電気自動車はガソリン車よりも運転する費用がずっと安いです。ガソリン車に比べ費用はたった10分の1です。これら2つの理由から、電気自動車はもっと普及すると思います。

　満点解答では最も強い理由である「環境にやさしい」と2番目に強い「走行コストが安い」というポイントが書かれています。強く、説得力あるエッセイになっていますね。このトピックは環境問題を述べる際の必須トピックですので、さらさら自分の意見が書けるように練習しておきましょう。

　それでは次に電気自動車はあまり普及しないという反対意見の解答を見ていきましょう。

### エッセイの添削

→ **反対の意見**（電気自動車はあまり普及しない思う）

**エッセイ 4**　4点の解答

**I don't think that** more people will use electric cars in the future for the following two reasons. **Firstly**, people love the car they are driving now. I don't think many of them want to replace their well-loved car with a new one. **Secondly**, it will cost quite a bit of money to buy an electric car, even though it is nature-friendly. For many people, a balance sheet is more important than nature.

表現力をUPしよう！

- **replace A with B** Aの代わりにBを使う　□ **a well-loved car** 愛車
- **nature-friendly** 自然にやさしい
- **a balance sheet** 貸借対照表（ここでは家計簿のこと）

[訳] 次の2つの理由から電気自動車を使う人は増えないと思います。第1に、人は今運転している車に愛着を持っています。多くの人が愛車の代わりに新しい車を買うとは思えません。第2に、電気自動車を買うにはかなりのお金がかかります。多くの人にとって家計簿のほうが自然よりも大切なのです。

■ 添削解説

「乗り慣れた車のほうがいいから」というのは、電気自動車が普及しない理由としては弱いです。なぜなら、自分たちが乗っている愛車もやがて古くなり、いずれ買い替えの時期が来た際には、電気自動車も含めて購入を検討するからです。第2の「お金がかかるから」という点は強いため残します。

では反対のモデル・エッセイを見てみましょう。

## モデル・エッセイ

→ **反対の意見**（電気自動車はあまり普及しないと思う）　満点解答

**I don't think that** more people will use electric cars in the future for the following two reasons. **First**, electric cars will remain more expensive than ordinary cars. Most people simply can't afford to buy them. **Second**, electric cars cannot travel a long distance. This is partly because there aren't many charging stations yet. **For these**

**two reasons, I don't think that** more people will use electric cars in the future.

> 表現力をUPしよう！
>
> □ **afford to buy** 買う余裕がある　□ **travel a long distance** 長く走る
> □ **this is partly because …** 部分的な理由としては…である
> □ **charging station** 電気ステーション、充電スタンド

[訳] 私は次の2つの理由から電気自動車はもっと普及するとは考えません。第1に、電気自動車はほとんどの人にとって高価すぎます。人びとはそれらを買う余裕はありません。第2に、電気自動車は長距離を走れません。その理由としては、電気ステーションがまだ多くないこともあげられます。これらの2つの理由から、電気自動車がもっと普及するとは考えません。

　反対派の満点解答は、①「コストが高い」と②「長距離走行が難しい」で書かれており、論理的にはそつのないものになっていますので一応満点としました。ただし、このトピックに関しては、**賛成の方が圧倒的に強いアーギュメント**となります。というのも、「電気自動車普及賛成派」の場合は「環境にやさしい」「車の値段が下がる」「電気ステーションが増える」「乗り心地のよさ」「石油がとれなくなる (the reserve of oil is declining)」などたくさんの理由（最も強いのが最初の2つ）があるのに対し、「普及反対派」の場合は「値段が高い」「長くは走れない」の2つのポイントがありますが、これから技術はどんどん進歩し、コストも下がっていくことが容易に予想されますので、もし、ディベートすれば、賛成派の勝利となるでしょう。エッセイライティングでも、練習時に、**賛成・反対のどちらのほうが強い理由を2つ提示できるかを、いつも考える癖をつけ、強いエッセイがすらすらと書けるようになりましょう！**

# 06 コンビニエンスストアはもっと増えるか？

　コンビニで手軽に食品や日用品を購入するライフスタイルが私たちの生活に浸透しています。今では商店街や住宅街にとどまらず、駅構内や大学、病院などにも、コンビニがあり、英検でもコンビニ関係の問題がよく出題されるようになりました。コンビニは「これからも増え続けるのか」、あるいは「もう増えないのか」、それぞれのポイントをみていきましょう。「もっと増える」場合のポイントは、「サービスがさらに向上する」「夜型人間の増加」などが考えられます。「増えない」場合のポイントとしては「スーパーなどよりも値段が高い」「品ぞろえが少ない」などがあげられるでしょう。

　では、これらをふまえて、エッセイトレーニングに取り組んでいきましょう。

### 問題 8

> Do you think that more convenience stores will be opened in Japan?
> ［訳］コンビニは日本でもっと増える思いますか？

では添削例を見ていきましょう。

### エッセイの添削

→ **賛成の意見**（コンビニは日本でもっと増えると思う）

#### エッセイ 1　4点の解答

①**I think that** more convenience stores will be opened in Japan for two reasons. ②**First**, they are convenient. ③They offer a wide variety of goods. ④**Second**, they are useful, when you are in a hurry or it is late at night. ⑤They are open all day. ⑥**Therefore**, I think more convenience store will open in Japan.

#### エッセイ 2　5点の解答

①**I think that** more convenience stores will be opened in Japan for two reasons. ②**First**, they are convenient because they offer a wide range of goods for those who want to shop quickly. ③**Second**, as they are open all day, they are useful, especially when you are in a hurry or it is late at night. ④**For these two reasons, I think that** more convenience stores will be opened in Japan.

■ 添削解説

　エッセイ１の最大のミスは２つの **key idea（②と④）がオーバーラップ（重複）**している点です。つまり、１つ目の key idea の convenient（便利である）は、useful and readily available（役に立ち、すぐに手に入る）という意味で、２つ目の key idea の useful（役立つ）と重なっており、減点対象となります。

　次に、「品揃えがいい」というサポート文③ですが、スーパーマーケットはもっと品揃えがいいので、それだけを理由にするのは少し弱く、エッセイ２の②のように for those who want to shop quickly「急いで買い物をしたい人にとっては」と限定し、そのような人びとにとっては a wide range of goods「十分な品揃えである」とまとめた方がよいでしょう。

　**論理的に明快な文章にする**には、エッセイ１の、②と③の文、また④と⑤の文がそれぞれ**接続詞**でつながれていないため、前後の文の関係がはっきりせず、論理的につながっていきません。具体的には、第１のポイントである「便利である」（②）と、そのサポートである「品ぞろえが豊富である」（③）とのつながりが明確ではないため、**because** を用いて、「急いで買い物をする人にとってたくさんの品揃えがあるので、便利である」とする必要があります。第２のポイントも、④と⑤の関係があいまいなため、理由の接続詞（エッセイ２では **as**）を用いて、「一日中開いているので、とりわけ急いでいる場合や夜遅い場合に役立つ」とまとめたりすると論理的に明快になります。

　最後に、これは**「～が増えるか？」型**のエッセイの理由を述べる際に重要なポイントですが、エッセイ１も２も、現状分析に終わっており、「これからなぜ増えるのか」に対してのダイレクトな解答にはなっていません。そこで、**more and more ～（ますます多くの～）などの比較を表す表現**を用いて、増える理由を述べる必要があります。これは、「～は増えるか」型エッセイでは、非常に重要なポイントですので、後の満点解答などを参照して使えるようにしておきましょう。

[ エッセイ・ライティング問題 ]
# 満点突破の極意！

## 2つの key idea のオーバーラップ（重複）に注意せよ！

## 接続詞を用いて論理明快な文章にせよ！

## 「～が増えるか？」型エッセイの理由では、more and more ～などを用いて現在と将来の比較をせよ！

では、別の解答例を見てみましょう。

**賛成の意見**（コンビニは日本でもっと増えると思う）

### エッセイ3　5点の解答

①**I think that** more convenience stores will be opened in Japan for the following two reasons. ②**First**, more and more people are staying up late, playing games and going shopping at convenience stores. ③More attractive games like Pokémon Go will be available there. ④**Second**, they sell attractive goods which people cannot buy in other places. ⑤So, more and more people will go there to buy them. ⑥**For these two reasons, I think that** more convenience stores will be opened in Japan.

**表現力をUPしよう！**

□ **stay up late** 夜遅くまで起きている　□ **attractive** 魅力的な

[訳] 私は2つの理由からコンビニはもっとできると思います。1つ目は、ますます多くの人びとが夜遅くまで起きてゲームして、コンビニに買い物に行くからです。ポケモンのような魅力的なゲームがもっとコンビニで手に入るようになるでしょう。第2に、他のところでは買えないような商品を売っているからです。それでコンビニに行く人は増えるでしょう。これら2つの理由から、コンビニエンスストアはもっと増えると思います。

■ 添削解説

　この解答はどうでしょうか。第1の「ゲーム好きの夜型人間がゲームを売っているので、コンビニに行く」(②③)という理由はあまり一般的ではなく、コンビニが増える根拠としては弱いです。また②「ゲームをしたりコンビニに買い物に行ったりする夜更かし型

の人がますます増えている」と③「ポケモン go などの魅力的なゲームが発売される」との関連性も弱く×です。よって、下の満点解答のように、「コンビニは home delivery and money transfer（宅配サービスや送金）などのサービスや商品をますます提供する」とより**一般的で強い例をあげて**、論理的で説得力ある文章にしましょう。

第2の「他では買えないものをコンビニは提供する」（④）に対するサポート文「それらを買うためにコンビニに行く人がますます多くなる」（⑤）は具体例もなく内容が乏しいので、「期間限定商品（limited-time special offers）」など他では買えないものの例を具体的に出し、それがコンビニの増加に貢献していると説明する必要があります。

**表現力をUPしよう！**

- □ limited-time special offers 期間限定商品
- □ toys and candies with a special gift おまけ付き菓子

[ エッセイ・ライティング問題 ]
**満点突破の極意！**

## サポート文には一般的で強い例を挙げよ！

### モデル・エッセイ

→ **賛成の意見**（コンビニは日本でもっと増えると思う）　満点解答

**I think that** more and more convenience stores will be opened in Japan for two reasons. **First**, convenience stores are providing more and more goods and services, including home delivery and money transfer. **Second**, more and more people are staying up late and becoming night persons mainly because of more forms of indoor entertainment. These people will be likely to go to convenience stores that open all day.

**表現力をUPしよう！**

- □ provide goods 商品を提供する　□ home delivery 宅配
- □ money transfer 送金え　□ stay up late 遅くまで起きてる
- □ mainly because 主に…という理由で

[訳] 私は2つの理由から日本でコンビニエンスストアはもっと増えると考えます。第1に、コンビニエンスストアは、宅配や送金などますます多くの商品やサービスを提供しています。第2に、主に室内娯楽の種類が増えているため、夜遅くまで起きて夜型になる人がますます増えています。こういった多くの人びとが一日中開いているコンビニエンスストアに行く可能性が高いです。

それでは次に、コンビニはこれ以上増えるとは思わないという反対意見を見てみましょう。

> エッセイの添削

### → 反対の意見（コンビニは日本でもっと増えるとは思わない）

> エッセイ　5点の解答

①**I don't think that** more convenience stores will be opened in Japan for the following two reasons. ②**First**, more and more people are becoming health-conscious and going to bed early. ③Convenience stores will not be able to attract many night persons any more. ④**Second**, convenience stores need parking lots large enough for customers' cars. ⑤But Japan is small. ⑥It is becoming more difficult to build more convenience stores with enough parking spaces.

> 表現力をUPしよう！

□ become health-conscious 健康志向になる　□ a parking lot 駐車場

[訳] 私は2つの理由からコンビニは増えるとは思いません。第1に、ますます多くの人びとが健康志向になって来ており、早く寝るようになっているからです。コンビニは、もはや多くの夜型人間をひきつけることはできないでしょう。第2に、コンビニはお客さんの車用に広い駐車場を必要とします。でも日本は狭いのです。十分な駐車スペースのあるコンビニを作るのはだんだんと難しくなっています。

### ■ 添削解説

第1の理由②「健康志向で早寝する人が増えている」ですが、健康志向で早寝する人の数は相対的に多くはなっていないでしょうし、第2の理由④〜⑥「コンビニは広い客用駐車スペースが必要だが土地が狭い日本では難しい」ですが、大きな駐車場のあるコンビニはたしかに街中では作りにくいですが、近所の人たちを相手にしたコンビニ店は街中にも多いので、駐車場だけを理由にするのは少々無理があります。正しくは、広い駐車スペースを持った店舗は郊外につくる以外になく、そうするとコンビニの長所である「手軽さ」(convenience) が失われるから郊外には作れず、したがって増えない、と展開

するのが上手い方法です。次の満点解答では別の切り口でまとめた例をあげました。

## モデル・エッセイ

→ **反対の意見**（コンビニは日本でもっと増えるとは思わない） 満点解答

**I don't think that** more convenience stores will be opened in Japan for two reasons. **First**, things sold in convenience stores are more expensive than those in supermarkets. Therefore, most people will not go to convenience stores for shopping. **Second**, convenience stores only offer a limited range of items. For example, fresh foods and flowers aren't available there. On the other hand, at supermarkets and department stores, a wider variety of products are available.

表現力をUPしよう！

- a limited range of items 限界のある品ぞろえ  □ fresh foods 生鮮食料品
- available 手に入る  □ a wider variety of products より幅広い商品

［訳］私は2つの理由から日本でコンビニはもっと開店するとは考えません。第1に、コンビニの品物はスーパーに比べると高いです。ゆえに、たいていの人はコンビニに行って買い物はしません。第2に、コンビニの品ぞろえには限界があります。例えば、コンビニでは生鮮食料品や新鮮な花は手に入りません。一方、スーパーやデパートではより幅広い商品が手に入ります。

### ワンランクアップポイント

その他にもコンビニが増えないと考える理由としては、「インターネットでの注文など、ほかの購入方法が開発される」(new methods of shopping like online shopping will be developed) などが考えられます。

いかがでしたか？ これで実践問題のトレーニングは終了です。本章を通して、論理的なエッセイの書き方を学んでいただけたでしょうか？ 実際の試験ではここに紹介した解答例のように完璧なものを書かなくても、ライティングセクションで良い評価をもらうことは可能かもしれませんが、「ぎりぎりの合格」ではなく、「余裕の合格」で準2級を突破し、2級、準1級、1級とさらに上を目指して英語学習に取り組んでいただきたいと思います。皆さんの準2級合格とさらなる英語力アップを心から願っています。

Let's enjoy the process!

# 付録

　最後はこれまで学んだ重要表現と例文の総復習をしましょう。まず、「**必須表現100**」は日本語を見て英語に訳す練習をし、スペリングも同時にマスターしましょう。次に、「**必須例文50**」はしっかりと口に出して発音することから始め、完璧に暗記するようにしましょう。こうすることで表現力が身につき、ライティング力だけでなくスピーキング力もぐーんとアップします。何度も繰り返し練習し、総合的な英語力を高めましょう！

## 英検準2級ライティング攻略！必須表現100

■ **教育**

- □ 制服 — school uniform
- □ 校則 — school rules
- □ [遠足／修学旅行] に行く — go on a school trip
- □ 自立的思考力 — independent thinking
- □ 責任感 — a sense of responsibility
- □ 人格形成 — character development
- □ 集中力 — concentration
- □ コミュニケーション能力 — communication skills
- □ 部活動 — club activity
- □ 文化祭 — cultural festival
- □ 課外活動 — extracurricular activity
- □ ボランティア活動をする — do volunteer [activities / work]
- □ 小学校 — elementary school
- □ 担任の先生 — homeroom teacher
- □ スピーチをする — [make / give] a speech
- □ レポートを提出する — turn in a report
- □ 卒業式 — graduation ceremony
- □ 英会話学校 — English language school
- □ 外国語 — foreign language
- □ 公立の学校 — public school
- □ 私立の学校 — private school
- □ 大学入試 — university entrance examinations
- □ 大学に進学する — go on to university
- □ 試験勉強をする — prepare for exams
- □ 試験の結果 — exam results

■ **メディア・サイエンス・テクノロジー**

- □ 携帯電話 — [mobile/cellular] phone
- □ コンピュータゲーム — computer games
- □ タブレットコンピュータ — tablet computer
- □ ホームページ — website
- □ オンラインショッピング — online shopping
- □ ノートパソコン — laptop computer

| | | |
|---|---|---|
| ☐ | インターネット接続 | Internet connection |
| ☐ | インターネットサーフィンをする | surf the Internet |
| ☐ | ソーシャルメディア | social media |
| ☐ | テレビコマーシャル | TV commercial |
| ☐ | テレビ広告 | TV ads |
| ☐ | テレビ番組 | TV program |
| ☐ | テレビタレント | TV personality |
| ☐ | オンライン教育 | online education |
| ☐ | インターネット新聞 | e-papers |
| ☐ | 機械化 | automation |
| ☐ | 信頼できる情報 | reliable information |
| ☐ | コンピュータスキル | computing skills |
| ☐ | コンピュータウイルス | computer virus |
| ☐ | 写真をインターネットに載せる | post photos on the Internet |
| ☐ | 音楽をダウンロードする | download music |
| ☐ | データを取っておく | store data |
| ☐ | データを集める | collect data |
| ☐ | 国際電話をかける | make an international call |
| ☐ | 電子辞書 | electronic dictionary |

■ 文化・レジャー・ライフ

| | | |
|---|---|---|
| ☐ | 文化の違い | cultural difference |
| ☐ | カルチャーショック | culture shock |
| ☐ | テーマパーク | theme park |
| ☐ | 夏休み | summer vacation |
| ☐ | 公共交通機関 | public transportation |
| ☐ | 野外活動 | outdoor activity |
| ☐ | 外国人観光客 | foreign tourists |
| ☐ | 観光地 | tourist destination |
| ☐ | みやげ | souvenir |
| ☐ | その土地の食べ物 | local food |
| ☐ | オリンピック | the Olympics |
| ☐ | 映画館 | movie theater / cinema |
| ☐ | 公共の場 | public place |

| | |
|---|---|
| ☐ バランスのとれた食事を摂る | have a well-balanced diet |
| ☐ 健康的な生活スタイル | healthy lifestyle |
| ☐ 定期的に運動をする | do regular exercise |
| ☐ 日本食 | Japanese food |
| ☐ スポーツジム | fitness gym |
| ☐ 環境問題 | environmental problems |
| ☐ 地球温暖化 | global warming |
| ☐ 天然資源 | natural resources |
| ☐ 大気汚染 | air pollution |
| ☐ 自然災害 | natural disaster |
| ☐ 天気予報 | weather forecast |
| ☐ エコカー | eco-friendly car |

■ **ビジネス**

| | |
|---|---|
| ☐ コンビニエンスストア | convenience store |
| ☐ オンラインビジネス | online business |
| ☐ 仕事に応募する | apply for a job |
| ☐ 出張で | on a business trip |
| ☐ 仕事の面接を受ける | have a job interview |
| ☐ (大規模な) 会議 | conference |
| ☐ 雇用の機会 | job opportunities |
| ☐ 昇進する | get a promotion |
| ☐ 労働者不足 | a shortage of workers |
| ☐ 世界市場 | global market |
| ☐ サービス産業 | the service industry |
| ☐ 教育産業 | the education industry |
| ☐ 医療産業 | the medical industry |
| ☐ ファッション産業 | the fashion industry |
| ☐ 製造業 | the manufacturing industry |
| ☐ 正社員 | a full-time worker |
| ☐ アルバイト | a part-time worker |
| ☐ 24時間営業 | 24-hour operation |
| ☐ 中古品 | used goods |
| ☐ 弁護士 | lawyer |

- ☐ 大学教授　　professor
- ☐ 医者　　　　doctor
- ☐ 看護師　　　nurse
- ☐ 客室乗務員　[cabin / flight] attendant
- ☐ 美容師　　　hairdresser

# 英検準2級ライティング攻略！必須例文50

■ 教育

1 漫画を読むことで子供の想像力が発達します。

2 歴史や科学についての漫画は教育的で、知的刺激があります。

3 漫画を読むことに時間を費やしすぎると、勉強の時間が減ってしまいます。

4 宿題を一緒にすることで、生徒は信頼と友情を築くことができます。

5 友達と宿題をすることでコミュニケーション能力が向上します。

6 宿題を一人ですることで自立的思考が育ちます。

7 ボランティア活動をすることで、子供は社会活動に対して積極的になります。

8 制服があることで、親は時間とお金を節約することができます。

9 近頃多くの高校生はクラブ活動に消極的なように思われます。

10 親が子供にマナーを教えることは重要なことです。

11 小学校は生徒に健康教育を提供するべきです。

12 親は子供に責任の重要性について教えることが必要です。

1. Reading comic books develops children's imagination.
   - *develop imagination 想像力を発達させる

2. Comic books about history and science are educational and inspiring.
   - *educational 教育的効果がある
   - *inspiring 刺激的な

3. Spending too much time reading comic books reduces study time.
   - *reduce study time 勉強の時間が減る

4. Students can build trust and friendship by doing homework together.
   - *build trust and friendship 信頼と友情を築く

5. Doing homework with friends improves communication skills.
   - *improve communication skills コミュニケーション能力を向上させる

6. Doing homework alone develops children's independent thinking.
   - *develop independent thinking 自立的思考を発達させる

7. Volunteer activities make children active members of the community.

8. School uniforms save time and money for parents.

9. Many high school students don't seem willing to participate in club activities these days.

10. It's important for parents to teach children good manners.

11. Elementary schools should provide students with health education.
    - *provide ~ with ... ~に…を提供する

12. Parents need to teach children the importance of responsibility.

■ **サイエンス・テクノロジー**

*13* コンピュータゲームをすることで子供の集中力が高まります。

*14* コンピュータゲームは子供の学校の成績に悪影響を与える可能性があります。

*15* コンピュータゲームを1日中していると様々な健康上の問題を引き起こします。

*16* テレビ広告によって不要な物を買ってしまいます。

*17* 視聴者はコマーシャルによって新しい製品に関する情報を得ることができます。

*18* ほとんどのテレビ広告では、実際よりも商品がずっとよく見えるようになっています。

*19* 携帯電話は友人や家族と連絡を取る際に非常に役に立ちます。

*20* インターネットは優れた情報源の一つです。

*21* インターネットによって我々の生活に大きな変化が起きました。

*22* インターネットで簡単にホテルやレストランを予約することができます。

*23* 我々はSNSによって世界中の人とつながることができます。

*24* 今日では、ますます多くの大学がオンライン教育を提供しています。

*25* 教室でコンピュータを使用することによって、教師と生徒間のコミュニケーションが取りやすくなります。

*26* オンラインニュースは新聞よりもはるかに速くリアルタイムでニュースを知ることができる。

13. Playing computer games improves children's concentration.  *improve one's concentration ～の集中力を高める

14. Computer games can negatively affect children's school grades.  *negatively affect ～に悪影響を与える

15. Playing computer games all day causes various health problems.

16. TV ads cause many people to buy unnecessary items.

17. Viewers can get information about new products through TV commercials.

18. Most TV ads make products look much better than they really are.

19. Mobile phones are very useful for users to keep in touch with friends and family.

20. The Internet is an excellent source of information.  *a source of information 情報源

21. The Internet has brought about many changes in our lives.  *bring about changes 変化をもたらす

22. We can easily make reservations at a hotel or a restaurant on the Internet.

23. We can connect with people around the world through social networking services.

24. More and more universities are offering online education these days.

25. Using computers in classrooms improves communication between teachers and students.

26. Online news allows much faster access to news in real time than newspapers.  *allow ～を可能にする  *in real time リアルタイムで

■ 文化・レジャー・ライフ

27 定期的に運動することは健康を保つための良い方法の一つです。

28 政府はたばこ税を上げるべきです。

29 喫煙は癌を引き起こす最大の原因の一つです。

30 多くの人が自分たちのペットを家族の一員として考えています。

31 今日では、多くの父親が家にいて、子供の世話をします。

32 エコカーを使うことは大気汚染を減らす良い方法です。

33 学生は留学によって異なった文化について学ぶことができます。

34 映画館で映画を観ることはとてもスリルがあってわくわくします。

35 アパートをシェアすることで大学生は生活費を削ることができます。

36 今日では世界中で幅広い種類の日本食が手に入ります。

37 近年では日本を訪れる外国人観光客数は大幅に増えました。

38 ますます多くの外国人が日本文化に興味を持ち始めています。

39 世界の多くの大都市では毎年生活費が上昇しています。

| 27 | Doing regular exercise is a good way to keep fit. | *keep fit 健康でいる |
| 28 | The government should raise taxes on cigarettes. | *raise taxes on ~ 〜に対する税を上げる |
| 29 | Smoking is one of the biggest causes of cancer. | |
| 30 | Many people treat their pets as family members. | |
| 31 | Today, many fathers stay at home and take care of their children. | |
| 32 | Using eco-friendly cars is a good way to reduce air pollution. | *reduce air pollution 大気汚染を軽減する |
| 33 | Students can learn about different cultures by studying abroad. | |
| 34 | Watching movies at a movie theater is very exciting. | |
| 35 | Sharing an apartment makes it possible for college students to reduce the cost of living. | |
| 36 | A wide variety of Japanese food is available around the world today. | *a wide variety of ~ 幅広い種類の〜 |
| 37 | The number of foreign tourists to Japan has greatly increased in recent years. | |
| 38 | More and more foreign people are becoming interested in Japanese culture. | *become interested in ~ 〜に興味を持つようになる |
| 39 | The cost of living is rising every year in many big cities around the world. | *the cost of living 生活費 |

■ ビジネス

*40* コンビニは夜の買い物客にとって非常に便利です。

*41* 24時間営業によって店の売り上げが上昇します。

*42* 24時間営業によって従業員の健康に悪影響を与えます。

*43* 多くの若者は海外で働くことに消極的に思われます。

*44* 今日では、ロボットは多くの産業で非常に重要な役割を果たしています。

*45* オンラインビジネスは昔よりもよりも大幅に普及しました。

*46* 多くの企業が若い労働者不足に苦しんでいます。

*47* ますます多くの日本企業が外国からの労働者を雇用しています。

*48* 今日の若者は仕事の満足度を重要視する傾向にあります。

*49* オリンピックを開催することで開催国の経済成長が促されます。

*50* 高いコンピュータスキルを持っていると仕事を見つけやすくなります。

| | | |
|---|---|---|
| 40 | Convenience stores are very convenient for night shoppers. | |
| 41 | A 24-hour operation increases the sales of stores. | *increase the sales<br>売り上げを増やす |
| 42 | A 24-hour operation has a harmful effect on workers' health. | *have a harmful effect on ~<br>~に悪影響を与える |
| 43 | Many young people seem to be reluctant to work abroad. | *be reluctant to do<br>do したがらない |
| 44 | Today, robots play a very important role in many industries. | |
| 45 | Online business has become much more popular than in the past. | |
| 46 | A lot of companies are suffering from a shortage of young workers. | *a shortage of ~<br>~不足 |
| 47 | More and more Japanese companies are employing foreign workers. | |
| 48 | Young people today tend to think that job satisfaction is important. | *job satisfaction<br>仕事の満足度 |
| 49 | Holding the Olympics promotes economic growth for the host country. | *promote economic growth<br>経済成長を促す |
| 50 | Having great computing skills makes it easy for people to find a job. | |

### 編著者・著者・プロフィール

## 植田 一三 編著（うえだ いちぞう）

年齢・性別・国籍を超える英悟の超人（ATEP [Amortal "Transagenderace" Educational Philosophartist]）、最高峰資格 8 冠突破＆ライター養成校「アスパイア」学長。自己実現と社会貢献を目指す「英悟道」精神、Let's enjoy the process!（陽は必ず昇る）を教育理念に、指導歴 40 年で英検 1 級合格者を約 2,700 名以上輩出。出版歴 35 年で著書は 120 冊を超え、多くはアジア 5 か国で翻訳。ノースウェスタン大学院・テキサス大学博士課程留学、同大学で異文化間コミュニケーションを指導。教育哲学者（educational philosopher）、世界情勢アナリスト、比較言語哲学者（comparative linguistic philosopher）、社会起業家（social entrepreneur）。

## 菊池 葉子 著（きくち ようこ）

米国 Questa College 卒業。在学中に同州の Standard Designated Teaching Credential を取得。帰国後、通訳・YMCA 講師として働き、その後、京都府公立中学校英語教諭として 27 年間教鞭をとる。『ジーニアス英和大辞典』(2001)、『中学生のための英検 5・4・3 級合格単語スピードマスター 1250』(J リサーチ出版) の執筆に携わる。現在はアスパイアの英検・新大学入試対策講座・教材制作担当。

## 上田 敏子 著（うえだ としこ）

アスパイア英検 1 級・国連英検特 A 級・IELTS 講座講師。バーミンガム大学院修了（優秀賞）後、ケンブリッジ大学で国際関係論コース修了。国連英検特 A 級（優秀賞）、工業英検 1 級（文部科学大臣賞）・TOEIC 満点取得。鋭い異文化洞察と芸術的鑑識眼を活かして英語教育界をリードするワンダーウーマン。主な著書に『英検ライティング大特訓シリーズ』（アスク）、『英検 面接大特訓シリーズ』(J リサーチ出版)、『英語で説明する日本の文化シリーズ』（語研）、『英語で経済・政治・社会を討論する技術と表現』（ベレ出版）などがある。

## 小谷 延良 著（こたに のぶよし）

マッコーリー大学翻訳学・通訳学・応用言語学修士課程修了。大阪府立高校教諭、東京都市大学専任講師を経て、現在横浜市立大学実用英語講師。IELTS 指導を専門とし、受験回数も 5 ヵ国で計 70 回を超える Mr. IELTS。著書は『はじめての IELTS 全パート総合対策』、『はじめての IELTS 単語対策 3,600』（アスク）など多数。

## Aspire School of Communication

アスパイアは 1984 年 1 月発足のボキャブラリー・各種英語資格検定試験対策・時事英語世界情勢・日本文化比較文化の教育研究機関で、英検 1 級合格者を約 2700 名輩出している。

■ 詳しくはウェブサイトをご覧ください

https://www.aspire-school.jp/
e-mail: info@aspire-school.jp

※ 問い合わせ・申し込み：フリーダイヤル 0120-858-994

## 英検準2級 ライティング大特訓

2017年8月28日　初版　第1刷発行
2023年5月12日　　　　第8刷発行

編著者　植田一三
著　者　菊池葉子、上田敏子、小谷延良
発行人　天谷修身
装　丁　清水裕久 (Pesco Paint)
発行所　株式会社アスク
　　　　〒162-8558 東京都新宿区下宮比町2-6
　　　　電話 03-3267-6864
　　　　FAX 03-3267-6867
　　　　URL https://www.ask-books.com/
印刷所　日経印刷株式会社

ISBN 978-4-86639-099-4　　Printed in Japan

Copyright ©2017 by Ichizo Ueda, Yoko Kikuchi, Toshiko Ueda, and Nobuyoshi Kotani. All rights reserved.

---

**ユーザーサポートのご案内**

乱丁・落丁はお取り替えいたします。下記までご連絡ください。
アスクユーザーサポートセンター：support@ask-digital.co.jp
Webサイト：https://ask-books.com/support/